청소년관련법의 이해

청소년관련법의 이해

오기선 · 김택훈 지음

한국학술정보㈜

머리말

G. Stanly Hall의 말처럼 청소년기는 "질풍노도"의 시기로서 수없이 많은 심리적 갈등과 혼란 그리고 방황을 경험하게 되는 시기이다. 그러나 한편으로는 일생을 살아가기 위한 준비와 경험 그리고 자아정체감의 형성 등 이루어야 할 과업도 많은 시기이다. 이것은 모두 가정·학교·사회·국가 등 청소년을 둘러싸고 있는 환경과 상호작용하는 가운데 진행되는 것이므로, 청소년들이 자신들에게 주어지는 문제들을 잘 해결하고 발달과업을 이루어 나가며 덕·체·지를 겸비한 인격을 갖추어 내일의 국가 사회의 주역으로서 성장하기 위해서는, 무엇보다 청소년의 활동 기반을 조성하여주고 복지지원체계를 갖추어서 청소년에 대한 지원과 보호를 제공하여 주는 사회적 제도가 필요한 것이다. 사회 제도의 운영에 있어서 무엇보다도 필요한 것은 사회구성원들의 합의의 산물인 법이라는 제도이므로, 본서는 현재 시행되고 있는 청소년활동 및 복지지원과 보호에 관련된 법률을 고찰하여 봄으로써 현행의 제도를 이해하고, 나아가서는 보다 더 발전적 방향 모색을 위한 연구 자료로서 활용하기 위하여 기초가 되는 관련법을 정리하였다. 청소년과 관련된 법률은 본서에서 다룬 내용 이외에도 아동·청소년 성 보호에 관한 법률을 비롯하여 기타의 여러 법령들에서 개별 조문으로 청소년과 관련된 규정들이 있으나 본서에서

는 청소년기본법을 중심으로 편재된 청소년 활동 및 복지지원과 보호에 관한 내용을 고찰하여 정리하였다. 본서는 총 5장으로 구성되어 있으며, 제1장에서는 법의 일반적 이해와 청소년관련법의 체계 그리고 청소년관련법 제정의 필요성, 제2장에서는 청소년기본법, 제3장어서는 청소년활동진흥법, 제4장에서는 청소년복지지원법, 제5장에서는 청소년보호법의 내용을 정리하였다.

그동안 학문 연구 활동에 있어서 많은 가르침과 도움을 주신 국제문화대학원대학교 오치선 총장님께 깊이 감사드립니다.

2012. 2.

저자

CONTENTS

제3장 청소년활동진흥법 ··· 67

CONTENTS

CONTENTS

제1장 총설

제1절 법의 일반적 이해

아리스토텔레스의 말처럼 "인간은 사회적 동물"이다. 이는 인간은 혼자서 고립되어 세상을 살아가는 것이 아니라 사회라는 공동체 속에서 타인과 상호작용을 하면서 살아가는 존재라는 의미이다. 그러나 사회라는 공동체 속에서 각자의 삶을 영위하여 나가는 각 개인은 나름대로의 개성과 특성을 가지고 삶을 살아가는 것이므로 공동체 유지를 위해서는 조화가 필요한 것이다. 각 개인의 개성을 살리면서 사회적 조화를 이루어 나가기 위해서는 일정한 질서의 유지를 위한 규범이 필요한 것이고 이러한 규범에는 관습, 도덕, 종교, 법규범 등이 있다. 그중에서 법은 사회구성원들의 합의에 의하여 만들어진 사회규범이라 할 수 있다.

1. 법의 의미

법이란 사회의 유지를 위하여 구성원들이 준수하여야 할 행위의 기준인 규범이다. 이를 구체적으로 살펴보면 우선 법은 인간이 행동을 함에 있어서 준수하여야 할 행위의 준칙이다. 그리고 법은 인간의 의사에 기인하여 이루어지는 외부적 행동에 대하여 판단기준이 되는 행위규범이다. 법은 행위규범에 위반할 경우 국가권력에 의하여 제재를 가하는 강제적 규범이며 이것은 다른 사회규범인 도덕, 종교, 관습 등과 구별되는 점이다. 아울러 법은 사회라는 체계 안에서 사회유지라는 목적을 가지고 존재하므로 사회규범이다.

2. 법의 이념

라드브루흐[1]는 법의 이념으로 정의, 합목적성, 법적 안정성의 세 가지를 제시하였고(법이념 3요소설),[2] 이는 법의 이념으로서 통설로 되어 있다. 정의란 "옳은 것"이라는 가치를 실현하는 것이며, 그것은 전통적으로 "인간의 인간에 대한 정당한 관계" 또는 "각자에게 그의 몫을 가지게 하는 것"이라고 개념 짓는다.[3] 따라서 법은 정의를 추구하고 실현하는 것을 그 목적으로 하고 있다.

법의 이념으로서의 합목적성이란 법이 목적으로 하고 있는 정의를 구체적으로 실현시켜 나가는 데 필요한 수단으로서의 의미를 말한다.

법적 안정성이란 법에 의하여 보호되는 사회생활의 질서를 말한다. 법적 안정성을 위하여 법은 명확하여야 하며, 내용이 실현 가능하여야 하고, 자주 그리고 쉽게 변경되어서는 아니 된다. 그리고 적용받는 구성원들의 의식과 합치되어야 실효성을 가질 수 있다.

이외에도 법의 이념으로서 공공복리의 원칙을 들 수 있다. 중세 봉건사회 이후 근대 시민사회가 개인의 자유 보장이라는 이념을 중심으로 형성되어 발전하여 왔으나, 개인적 자유의 보장은 사회질서의 균형을 침해하게 되었고, 사회질서의 균형을 위하여 공공복리라는 이념이 나타나게 되었다. 공공복리란 사회공동체 차원에서 사회구성원 모두의 이익과 개인적 이익이 동시에 균형을 이루는 것을 말한다.

3. 법의 효력

법의 효력이란 구체적 사항에 대하여 법을 적용할 때 어떤 법 규정을 어떻게 적용할 것인가에 관한 기준에 관한 문제라 할 수 있다. 이에 대해서는 법의 우열관계, 법의 효력 범위의 측면에서 검토할 수 있다. 법의 우열관계는

---

1) 독일의 법률가·법철학자(1878~1949).

2) 김연 외. 『법학통론』. 법문사. 2003. p.118.

3) 홍성찬. 『법학개론』. 박영사. 2002. p.56.

법 적용의 순위 체계를 말한다. 법의 순위는 실정법을 기준으로 헌법-법률-명령-자치법규의 순서를 가지고 있다. 헌법은 국가 통치 권력의 근원인 국민에 의하여 국민투표로 제정되고 국가의 최고 법규로서 모든 법령에 대하여 최고 우위에 있다. 법률은 국민의 대표인 의회에서 제정하고 헌법에 대하여 하위에 있으면서 명령이나 자치법규에 으선한다.

명령은 헌법과 법률의 하위의 법령으로서 자치법규에 대해서는 우위에 있고, 대통령령인 시행령과 총리 및 각 부령인 시행규칙이 있다. 법의 효력범위에 관해서는 시간·사람·장소적 효력이 있다. 법의 시간에 관한 효력이란 특별한 경과 규정 등이 없는 한 현재 시행되고 있는 법의 적용효력을 말한다. 사람에 관한 효력범위란 법이 시행되고 있는 지역 내에 있는 내국인과 외국인에 대한 적용을 동등하게 할 것인가의 문제(속지주의)와 외국에 나가 있는 내국인에 대한 자국법의 적용 문제(속인주의)를 말하는 것으로서, 한국을 비롯하여 각국들은 일반적으로 속지주의를 원칙으로 하면서 예외적으로 속인주의 입장을 취하고 있다. 장소에 관한 효력범위란 법이 적용되는 영역을 말하는 것이며 한 나라의 법은 원칙적으로 그 국가의 전체 영역에 걸쳐 적용되므로 치외법권 등의 경우를 제외하고는 내·외국인을 불문하고 모든 사람에게 적용된다.[4]

4. 법의 해석방법

법이 구체적으로 실현되기 위해서는 실제 상황에 적용함으로써 이루어지는 것이다. 법은 추상적으로 명시되어 있으므로 구체적 사실에 적용하기 위해서는 개개의 법률 규정의 의미와 내용을 명확하게 하여 사실관계를 확정하여야 하는데, 이러한 과정을 법의 해석이라 한다. 법을 해석하는 방법에는 크

---

4) 권육상 외. 「사회복지법제론」. 나눔의 집. 2008. p.95

게 유권해석과 학리해석으로 나누어진다. 유권해석이란 국가 또는 국가기관이 행하는 해석으로서 공적 구속력을 가지며, 입법해석, 사법해석, 행정해석으로 구분된다. 입법해석은 법문에 명시하는 방법이며, 사법해석은 판결에 의한 것이고, 행정해석은 행정기관의 질의 회신 등을 말한다. 학리해석이란 학문적 연구에 의하여 학설이나 연구논문 등의 형태로 행하는 해석이다. 학리해석에는 문리해석과 논리해석으로 구분되며, 논리해석에는 확장해석, 축소해석, 보정해석, 반대해석, 유추해석, 물론해석, 연혁해석, 비교해석, 목적해석 등이 있다. 문리해석이란 법문의 내용을 문자와 문장에 중점을 두어 의미를 해석하는 방법이다. 논리해석이란 법문의 문구나 문장에 대하여 입법의 목적이나 취지 및 연혁 등 법령의 전체적인 타당성 등을 고려하면서 그 의미를 밝혀나가는 것이다. 확장해석은 법문의 내용을 넓게 해석하는 것이 타당하다는 판단에 의하여 해석하는 것이고 축소해석은 그 반대의 경우이다. 보정해석은 법문의 의미가 명확하지 못할 때 법문의 내용을 명확하게 하기 위해서 법문의 불충분한 점을 해석으로 보충하는 것이며, 반대해석이란 법문의 규정과 반대의 상황에 대해서는 법문에 명시된 내용과는 반대로 해석하는 것을 말하고, 유추해석이란 법문에 명시된 규정과 유사한 상황에 대하여 법문에 명시된 규정을 기초로 해석하는 것을 말한다. 물론해석은 법문에 구체적으로 명시되지 않은 사항에 대하여 입법정신이나 사물의 성격상 당연히 법문의 규정에 포함되는 것으로 해석하는 것이며, 연혁해석은 입법의 배경이 되는 이유서나 법안 토의 기록 또는 의사록 등의 자료를 참고해서 이를 기초로 해석하는 방법이다. 비교해석은 외국의 법과 비교하여 법문의 의미를 명확하게 하는 해석이며, 목적해석은 입법목적에 비추어서 의미를 해석하는 방법이다.[5]

---

5) 박상기 외. 『법학개론』. 박영사. 2010. p.81.

제2절 청소년관련법의 체계

청소년관련법의 체계는 우선 헌법을 최상위의 규범으로 하여 청소년육성을 중심으로 청소년기본법, 청소년활동진흥법, 청소년복지지원법, 청소년보호법으로 구성되어 있다.

1. 헌법

헌법은 국가생활공동체 내에서 개인의 지위를 기본권을 중심으로 규정하고, 국가공동체를 실현 및 유지하기 위한 과제를 갖는 국내 최고의 규범[6]이므로 국내법의 법질서 중에서 가장 강한 효력을 가진다. 또한 헌법은 국가적 공동체의 존재 형태와 기본적 가치질서에 관한 국민적 합의를 법규범적인 논리 제 체계로 정립한 국가의 기본법으로서[7] 국민의 권리와 의무, 국가의 근본조직, 통치기구 및 통치 작용 등을 규정한 근본법이다. 헌법은 국가의 모든 법의 최상위의 법으로서 전문과 제10장 130개 조항으로 구성되어 있다. 헌법 제10조는 "모든 국민은 인간으로서 존엄과 가치를 가지며, 행복을 추구할 권리를 가진다. 국가는 개인이 가지는 불가침의 기본적 인권을 확인하고 이를 보장할 의무를 진다"라고 규정하고 있으며, 헌법 제34조는 국가는 청소년의 복지향상을 위하여 노력하여야 함을 명시하고 있다. 그러므로 국가의 근본규범인 헌법에서 밝히고 있는 청소년에 관한 기본적 내용은 우선 청소년은 국민으로서 존엄과 가치, 행복을 추구할 권리, 기본적 인권 보장의 권리를 가지며, 국가는 청소년의 복지향상을 우한 의무가 있으므로 이와 관련된 구체적 제도를 시행하여야 하는 것이다. 이를 위하여 청소년기본법을 중심으로 청소

---

6) 허영. 「한국헌법학」. 박영사. 2005. p.13.
7) 권영성. 「헌법학 원론」. 법문사. 2000. p.3.

년육성이라는 법률적 체계가 구성되었으며 그 내용으로는 청소년활동·청소 년복지지원·청소년보호를 담고 있다.

2. 청소년기본법

청소년기본법은 청소년의 권리 및 책임과 가정·사회·국가 및 지방자치 단체의 청소년에 대한 책임을 정하고 청소년육성정책에 관한 기본적인 사항 을 규정하고 있으며,[8] 또한 청소년육성에 관하여 다른 법률에 우선하여 적용 하고,[9] 청소년육성에 관한 법률을 제정하거나 개정하는 때에는 청소년기본법 에 부합되도록 하여야 함을 명시하고 있다.[10] 그러므로 청소년기본법은 청소 년 관련 법제의 기본적 규정과 일반적인 기준을 정하고 있는 것이다.

3. 청소년활동진흥법

청소년활동진흥법은 청소년기본법에 명시된[11] "청소년활동의 지원에 관한 사항은 따로 법률로 정하도록 한다"는 내용에 따라 다양한 청소년활동을 적극 적으로 진흥하기 위하여 청소년활동시설, 청소년수련활동의 지원, 청소년교류 활동의 지원, 청소년문화활동의 지원 등과 관련된 내용들을 규정하고 있다.

4. 청소년복지지원법

청소년복지지원법은 청소년기본법에 명시한 바에 따라[12] 국가는 청소년들

---

8) 청소년기본법 제1조
9) 청소년기본법 제4조 제1항
10) 청소년기본법 제4조 제1항
11) 청소년기본법 제47조 제2항

의 의식·태도·생활 등에 관한 사항을 정기적으로 조사하고, 이를 개선하기 위하여 청소년의 복지향상정책을 수립·시행하여야 하며, 국가 및 지방자치단체는 기초생활의 보장, 직업재활훈련, 청소년활동지원 등의 시책을 추진함에 있어서 정신적·신체적·경제적·사회적으로 특별한 지원을 필요로 하는 청소년에 대하여 우선적으로 배려하여야 하고, 청소년의 삶의 질을 향상하기 위하여 구체적인 시책을 마련하기 위하여 제정된 것이다.[13]

5. 청소년보호법

청소년보호법은 청소년에게 유해한 매체물과 약물 등이 청소년에게 유통되는 것과 청소년이 유해한 업소에 출입하는 것 등을 규제하고, 청소년을 청소년폭력·학대 등 청소년유해행위를 포함한 각종 유해한 환경으로부터 보호·구제함으로써 청소년이 건전한 인격체로 성장할 수 있도록 하기 위한 제반 규정들을 명시하고 있으며,[14] 청소년유해환경의 규제에 관한 형사처벌에 있어서 다른 법률에 우선하여 적용하도록 하고 있다.[15]

제3절 청소년관련법 제정의 필요성

인간의 일생을 출생에서 사망까지 발달 단계별로 구분하여 보면 영아기, 유아기, 아동기, 청년기, 성년기, 중년기, 노년기로 나눌 수 있다. 영아기는 출생 후 24개월까지, 유아기는 2세부터 초등학교 입학 이전까지, 아동기는 6세

---

12) 청소년기본법 제49조 제4항

13) 청소년복지지원법 제1조

14) 청소년보호법 제1조

15) 청소년보호법 제2조

부터 11세까지의 초등학교 시기, 청년기는 중학교시기부터 20대 초까지, 성년기는 20대 초반 이후부터 40세까지, 중년기는 40세부터 60세까지, 노년기는 60세 이후라고 할 수 있다.[16] 청소년기본법에서 청소년을 9세부터 24세까지로 정의하고 있으므로 위의 발달 단계에서는 아동기의 중반부터 청년기까지라고 할 수 있다. 이 시기는 지적·정서적·신체적으로 미성숙한 상태에서 성숙한 상태로 변화해 나가는 과도기적 특성을 가지고 있다. 우선 신체적·생리적으로 급격한 발달이 일어나는 시기로서 남녀의 신체적 외모가 뚜렷하게 차이가 나며 성기능 역시 성숙이 이루지게 되어 성적 욕구와 이성에 대한 관심이 생겨난다. 지적인 측면에서는 형식적 조작의 사고를 할 수 있음으로 인하여 구체적인 사물에 의존하지 않고도 연역적 가설적 사고를 할 수 있으며 비판적 사고가 발달한다. 정서적으로는 성적인 충동의 급격한 증가로 인하여 정서적 혼동을 경험하기도 한다. 그리고 자아정체감이 형성되는 시기로서 정상적인 자아정체감을 형성하지 못하면 정체감 혼미를 거듭하거나 부정적 정체감을 형성함으로써 방황과 문제행동이 나타나기도 한다. 이러한 특성에 대하여 G. Stanly Hall은 청소년기를 "질풍노도"의 시기로서 상당한 혼란, 방황, 갈등을 경험하게 되는 시기라고 하였다. 이와 같이 청소년기는 그 발달적 특성으로 인하여 학교, 가정, 사회에 대한 부적응과 비행 및 일탈행동 그리고 사회적 유해환경에 쉽게 노출됨으로써 건강한 발달경로를 진행하여 나가기가 어려워질 수 있다. 특히 아직은 경제적으로 자립을 할 수 없는 상태이고 또한 법률적으로 완전한 법률행위를 할 수 있는 권리와 의무의 행사에 필요한 능력을 갖추지 못한 미성년의 범위에 속하는 연령층도 있으므로 권리와 인권의 침해 위험에 노출되어 있기도 하다. 이와 아울러 청소년기는 개인적 측면에서 자신의 일생을 살아가는 데 필요한 많은 요소들을 갖추어 나가야 하고 건강한 발달을 이루어 나가야 할 시기이며, 국가 사회적 측면에서 청소

---

16) 정옥분. 『발달심리』. 학지사. 2010. p.24.

년은 내일의 주역으로서 국가 사회의 발전을 책임지고 이끌어 나가야 할 세대이므로 청소년의 건강한 성장을 위해서 국가 및 사회의 특별한 배려와 지원이 필요하다. 국가 및 사회의 지원 체계는 제도라는 모양으로 존재하게 되는데, 제도는 정책, 법, 행정이라는 요소로 구성되어 있음을 알 수 있다. 제도로서 정책이란 국가나 사회의 권위 있는 공공기관이 공익 및 사회적 형평의 실현과 사회문제 해결을 위하여 정치적 행정적 과정을 거치거나 당위성에 입각하여 공식적 의도적으로 선택한 미래의 행동지침이다.[17) 다시 말해서 사회적 요구와 사회문제의 해결을 위한 추진 방향이며 제도의 추상적 내용이라 할 수 있다. 이러한 사회적 정책을 구체적으로 집행하는 과정을 행정이라 할 수 있다. 정책을 구체적으로 집행하기 위해서는 사회적으로 합의된 근거와 그에 터 잡은 집행력이 필요하다. 이것이 바로 법이라고 하는 제도의 영역이며 법은 정책을 구체적으로 실현시키기 위한 정당한 근거이자 강제 집행력을 가지는 사회규범이다. 그러므로 청소년관련법제는 청소년의 발달적 특성 등을 고려하여 청소년에 대한 국가와 사회의 지원 및 보호의 규범적 정당성과 집행의 근거라 할 수 있다. 청소년의 덕·체·지의 함양과 건전한 인격형성 및 내일의 국가사회의 주역으로서 능력을 신장시켜 나갈 수 있도록 하기 위하여 국가와 사회의 지원에 필요한 부담에 대한 국민적 합의 결과이며 청소년 개개인이 누릴 수 있는 사회적 제도의 구체적 내용인 것이다. 청소년기는 주로 학교라는 교육제도를 중심으로 그 속에서 대부분을 보내야 하는 시기이기도 하다. 이러한 이유로 해서 학교교육의 형태와 방향 및 문화에 의하여 청소년의 삶이 막대한 영향을 받을 수밖에 없는 것이다. 현재의 학교교육제도는 입시경쟁 중심의 교육으로 성적 위주로 청소년을 평가함으로써 이기적 경쟁과 비인간화 현상을 가져오게 된 것이다 그러므로 이러한 현실 속에서 청소년의 건강한 덕·체·지의 함양을 위해서는 법이라는 제도를 통하여 왜곡

---

17) 양정하 외, 「사회복지정책론」, 양서원, 2008, p.16.

된 사회현상을 바로 잡아나가야 하고 청소년이 정상적인 발달을 이루어 나갈 수 있도록 청소년에 대한 국가와 사회의 특별한 지원과 규범 체계를 만들어 나가야 할 필요가 있는 것이다.

제4절 청소년관련법의 제정 과정

1945년 8월 15일 일제로부터 해방된 대한민국은 제헌국회의 구성을 위한 총 선거를 1948년 5월 10일 실시하여 5월 31일 국회 개원식을 거행하였다. 제헌국 회는 즉시 헌법의 제정에 착수하여 7월 12일에는 국회를 통과하였고, 7월 17일 에 공포되어 드디어 효력을 발생함으로써 대한민국의 기틀을 마련하였으며, 8 월 15일에 이승만을 초대 대통령으로 하는 정부가 수립되었다. 대한민국 정부 수립 이후의 청소년 관련 법률의 제정 과정을 살펴보면 다음과 같다.

1961. 12. 13. 미성년자보호법 제정(법률 제834호, 1961. 12. 13. 시행) 미성 년자의 끽연과 음주 및 선량한 풍속을 해하는 행위를 제한 또는 금지함으로 써 미성년자의 건강을 보호하고 선도 육성함을 목적으로 미성년자보호법이 제정되었다.

1961. 12. 30. 아동복리법 제정(법률 제912호, 1962. 1. 1. 시행) 아동(18세 미만의 자)이 그 보호자로부터 유실, 유기 또는 이탈되었을 경우, 그 보호자가 아동을 육성하기에 부적당하거나 양육할 수 없는 경우, 아동의 건전한 출생 을 기할 수 없는 경우, 또는 기타의 경우에 아동이 건전하고 행복하게 육성되 도록 그 복리를 보장함을 목적으로 아동복리법이 제정되었다.

1969. 7. 28. 스카우트활동육성에관한법률 제정(법률 제2118호, 1969. 7. 28. 시행) 이 법은 대한민국의 청소년 및 소녀의 스카우트활동을 지원하여 이를 선도 육성함을 목적으로 하며 스카우트교육방법에 의하여 청소년 및 소녀의

품성을 도야하고, 체력을 증진시키며, 유용한 기능을 체득케 하여 사회에 헌신하는 봉사정신을 배양함으로써 국가발전에 공헌하고, 나아가서는 세계 인류의 친선증진에 기여하게 하는 활동을 지원하는 것이다.

1981. 4. 13. 아동복지법 제정(법률 제3438호, 1981. 4. 13. 시행) 1961년에 제정된 아동복리법은 요보호아동을 대상으로 입법화되었으며, 이에 대하여 1981년 이를 전면 개정하여 아동복지법으로 명칭을 변경하고 종전의 요보호아동을 적용대상으로 하였던 것을 전체 아동으로 확대하였다.

1981. 4. 13. 한국청소년연맹육성에관한법률 제정(법률 제3434호, 1981. 4. 13. 시행) 이 법은 대한민국청소년 및 소녀의 전인교육·훈련을 통하여 새로운 민족관과 국가관을 정립시켜 조국통일과 민족웅비의 새 역사창조에 이바지할 수 있는 민족주체 세력을 양성함과 동시에 세계로 향한 진취적 기상을 진작시키기 위하여 설립된 사단법인 한국청소년연맹을 지원·육성함으로써 민족의 번영과 국가·사회 발전에 기여함을 목적으로 하며 국가 또는 지방자치단체는 한국청소년연맹의 조직과 활동에 관하여 필요한 편의를 제공하고 협조·지원할 수 있도록 하고 있다.

1984. 12. 31. 한국해양소년단연맹육성에관한법률 제정(법률 제3785호, 1984. 12. 31. 시행) 이 법은 소년 및 소녀의 해양에 관한 교육훈련을 통하여 해양사상을 고취하고 투철한 국가관과 진취적인 기상을 함양하기 위하여 설립된 한국해양소년단연맹을 지원·육성함으로써 해양의 개발과 국가발전에 이바지함을 목적으로 하며 국가 또는 지방자치단체는 한국해양소년단연맹의 조직과 활동에 관하여 필요한 편의를 제공하고, 협조와 지원할 수 있도록 하고 있다.

1987. 11. 28. 청소년육성법 제정(법률 제3973호, 1988. 5. 29. 시행) 이 법은 청소년(9세 이상 24세 이하의 자)의 인격형성을 도모하고, 청소년의 보호·육성·선도 및 지원에 관한 사업을 효율적으로 추진함으로써 청소년이 국가·사

회발전에 이바지할 수 있는 건실하고 유능한 국민으로 성장하도록 함을 목적으로 제정되었다.

1991. 12. 31. 청소년기본법 제정(법률 제4477호, 1993. 1. 1. 시행) 이 법은 청소년의 권리 및 책임과 가정·사회·국가 및 지방자치단체의 청소년에 대한 책임을 정하고, 청소년육성정책에 관한 기본적인 사항을 규정함을 목적으로 하여 기존의 청소년육성법을 폐지하고 청소년기본법이라는 법명으로 전면 개정하였다.

1997. 3. 7. 청소년보호법 제정(법률 제5297호, 1997. 7. 1. 시행) 이 법은 청소년(18세 미만의 자)에게 유해한 매체물과 약물 등이 청소년에게 유통되는 것과 청소년이 유해한 업소에 출입하는 것 등을 규제함으로써 청소년을 유해한 각종 사회환경으로부터 보호·구제하고 나아가 이들을 건전한 인격체로 성장할 수 있도록 함을 목적으로 제정되었다.

2000. 2. 3. 청소년의 성보호에 관한 법률 제정(법률 제6261호, 2000. 7. 1. 시행) 이 법은 청소년의 성을 사거나 이를 알선하는 행위, 청소년을 이용하여 음란물을 제작·배포하는 행위 및 청소년에 대한 성폭력행위 등으로부터 청소년을 보호·구제하여 이들의 인권을 보장하고 건전한 사회구성원으로 성장할 수 있도록 함을 목적으로 제정되었다. 그 후 이 법은 2009. 6. 9. 법률 제9765호 "아동·청소년의 성보호에 관한 법률"이라는 법명으로 전면 개정되었다.

2004. 2. 9 청소년기본법 전부 개정(법률 제7162호, 2005. 2. 10. 시행) 1991년에 제정된 청소년기본법을 전면 개정하여, 청소년활동에 관한 사항은 "청소년진흥법"으로, 청소년복지에 관한 사항은 "청소년복지지원법"으로 제정할 수 있도록 하였다.

2004. 2. 9. 청소년활동진흥법 제정(법률 제7163호, 2005. 2. 10. 시행) 이 법은 청소년기본법의 규정에 따라 다양한 청소년활동을 적극적으로 진흥하기 위하여 필요한 사항을 정함을 목적으로 제정되었다.

2004. 2. 9. 청소년복지지원법 제정(법률 제7164호, 2005. 2. 10 시행) 이 법은 청소년기본법의 규정에 따라 청소년복지 증진에 관한 사항을 정함을 목적으로 제정되었다.

제2장 청소년기본법

제1절 서설

1. 제정 및 구성

청소년기본법은 1987. 11. 28. 저정된 청소년육성법을 1991. 12. 31. 청소년기본법으로 전면 개정 및 보완하여 제정하였으며, 총 10개 장 66개의 조문으로 구성되어 있다. 제1장은 총칙으로 법의 목적, 기본이념, 용어의 정의, 다른 법률과의 관계, 청소년의 권리와 책임, 가정의 책임, 사회의 책임, 국가 및 지방자치단체의 책임이 규정되어 있다. 제2장은 청소년육성정책에 대한 총괄·조정으로 청소년정책관계기관협의회, 지방청소년육성위원회의 설치, 청소년특별회의의 개최, 청소년육성에 관한 기본계획의 수립, 연도별 시행계획의 수립, 계획수립의 협조, 청소년의 달 등을 규정하고 있으며, 제3장은 청소년의 달에 관하여 규정되어 있었으나 청소년의 달을 제2장의 조문으로 옮기고 그 관련 내용을 대통령령 제17조에 명시하고 제3장은 삭제하였다. 제4장은 청소년시설에 관한 내용으로 청소년시설의 종류, 청소년시설의 설치·운영, 청소년시설의 지도·감독, 제5장은 청소년지도자에 관한 규정으로 청소년지도자의 양성, 청소년지도사 및 청소년상담사의 자격, 청소년지도사·청소년상담사의 배치 및 채용, 청소년육성전담공무원, 청소년육성전담기구의 설치, 청소년지도위원, 제6장은 청소년단체에 관한 내용으로 청소년단체의 역할과 지원, 한국청소년단체협의회, 지방청소년단체협의회, 한국청소년상담원, 시·도의 청소년상담 및 긴급구조 등의 기관, 시·군·구 청소년지원 등의 기관 설치, 제7장은 청소년활동 및 복지에 관한 규정으로 청소년활동의 지원, 학교교육 등과의 연계, 청소년 방과 후 활동의 지원, 청소년복지의 향상, 청소년의 가출 및 비행예방, 청소년유익환경의 조성, 청소년유해환경의 규제, 제8장은 청소년육성기금에 관한 내용으로 기금의 설치, 기금의 조성, 기금의 사용, 지방청소년육성기금의 조성, 제9장은 보칙으로 국·공유재산의 대부, 조세의 감면, 감독, 포상, 유사명칭의 금지, 수수료, 권한의 위임·위탁, 제10장은 벌칙으로 구성되어 있다.

2. 청소년기본법의 목적·이념·추진방향

청소년기본법은 청소년의 권리 및 책임과 가정·사회·국가 및 지방자치단체의 청소년에 대한 책임을 정하고 청소년육성정책에 관한 기본적인 사항을 규정함을 목적으로 하며,[18] 청소년이 사회구성원으로서 정당한 대우와 권익을 보장받음과 아울러 스스로 생각하고 자유롭게 활동할 수 있도록 하며 보다 나은 삶을 누리고 유해한 환경으로부터 보호될 수 있도록 함으로써 국가와 사회가 필요로 하는 건전한 민주시민으로 자랄 수 있도록 함을 기본이념으로 하고, 그 기본이념을 구현하기 위한 장기적·종합적 청소년육성정책을 추진함에 있어서 청소년의 참여보장, 청소년의 창의성과 자율성에 기초한 능동적 삶의 실현, 청소년의 성장여건과 사회 환경의 개선, 민주·복지·통일 조국에 대비하는 청소년의 자질향상을 그 추진방향으로 한다.[19]

3. 용어의 해설 및 다른 법률과의 관계

1) 용어의 해설

청소년기본법에서 "청소년"을 9세 이상 24세 이하의 자로 하고 있으며, 다만 다른 법률에서 청소년에 대한 적용을 달리할 필요가 있는 경우에는 따로

---

18) 청소년기본법 제1조
19) 청소년기본법 제2조

정할 수 있도록 하고 있다. "청소년육성"이란 청소년활동 지원, 청소년의 복지증진, 근로청소년의 보호, 사회여건과 환경을 청소년에게 유익하도록 개선, 청소년을 보호하여 청소년에 대한 교육을 보완함으로써 청소년의 균형 있는 성장을 돕는 것이라고 정의하고 있으며, 여기에서 "청소년활동"이란 청소년의 균형 있는 성장을 위하여 필요한 활동과 이러한 활동을 소재로 하는 수련활동·교류활동·문화활동 등 다양한 형태의 활동을 말하고, "청소년복지"란 청소년이 정상적인 삶을 영위할 수 있는 기본적인 여건을 조성하고 조화롭게 성장·발달할 수 있도록 제공되는 사회적·경제적 지원을 말한다. 또한, "청소년보호"란 청소년의 건전한 성장에 유해한 물질·물건·장소·행위 등 각종 청소년 유해환경을 규제하거나 청소년의 접촉 또는 접근을 제한하는 것으로 규정하고 있다. "청소년시설"이란 청소년활동·청소년복지 및 청소년보호에 제공되는 시설이며, "청소년지드자"라 함은 청소년기본법에 의한 청소년지도사 및 청소년상담사와 청소년시설·청소년단체·청소년관련기관 등에서 청소년육성 및 지도업무에 종사하는 자를 말하고, "청소년단체"란 청소년육성을 주된 목적으로 설립된 법인과 청소년활동, 청소년복지 또는 청소년보호를 주요사업으로 하는 단체로서 여성가족부장관이 인정하는 단체라고 규정하고 있다.[20]

2) 다른 법률과의 관계

청소년기본법은 청소년육성에 관하여 기본이 되는 법이므로 청소년육성에 관하여 다른 법률에 우선하여 적용하며, 청소년육성에 관한 법률을 제정하거나 개정하는 때에는 이 법에 부합되도록 하여야 한다.[21]

---

20) 청소년기본법 제3조 각 호 및 영 제2조
21) 청소년기본법 제4조

4. 청소년의 권리와 책임

청소년의 기본적 인권은 청소년활동·청소년복지·청소년보호 등 청소년 육성의 모든 영역에서 존중되어야 하며, 청소년은 안전하고 쾌적한 환경 속에서 자기발전을 추구하고 정신적·신체적 건강을 해치거나 해칠 우려가 있는 모든 형태의 환경으로부터 보호받을 권리를 가지는 한편,[22] 청소년은 자신의 능력개발과 건전한 가치관의 확립에 힘쓰고 가정·사회 및 국가의 구성원으로서의 책임을 다하도록 노력하여야 한다.[23]

5. 가정·사회·국가 등의 책임

가정은 청소년 육성에 관하여 1차적 책임이 있음을 인식하고 따뜻한 사랑과 관심을 통하여 청소년이 개성과 자질을 바탕으로 자기발전을 실현하고 국가와 사회의 구성원으로서의 책임을 다하는 후계세대로 성장할 수 있도록 노력하여야 하며 학교 및 청소년 관련 기관 등에서 실시하는 교육프로그램에 청소년과 함께 참여하는 등 청소년을 바르게 육성하기 위하여 적극적으로 노력하여야 한다. 또한 가정은 정보통신망을 이용한 유해매체물의 접촉 등 청소년 유해환경으로부터 청소년을 보호하기 위하여 필요한 노력을 하여야 하며, 가정의 무관심·방치·억압 또는 폭력 등이 원인이 되어 청소년이 가출하거나 비행을 저지르는 경우 친권자 또는 친권자를 대신하여 청소년을 보호하는 자는 보호 의무의 책임을 진다.[24] 사회적으로 모든 국민은 청소년이 일상생활 속에서 즐겁게 활동하고 더불어 사는 기쁨을 누리도록 도와주어야 하며 청소년의 사고와 행동양식의 특성을 인식하고 사랑과 대화를 통하여 청소

---

22) 청소년기본법 제5조 제1항 및 제2항
23) 청소년기본법 제5조 제3항
24) 청소년기본법 제6조

년을 이해하고 지도하는 등 청소년의 비행에 대한 선도에 최선을 다하여야한다. 또한 모든 국민은 청소년을 대상으로 하거나 청소년이 쉽게 접할 수 있는 장소에서 청소년의 정신적·신체적 건강에 해를 끼치는 행위를 하여서는 아니 되며, 청소년에게 유해한 환경을 정화하고 유익한 환경이 조성되도록 노력하여야 하며, 경제적·사회적·문화적·정신적으로 어려운 상태에 있는 청소년들에게 특별한 관심을 가지고 이들이 보다 나은 삶을 누릴 수 있도록 노력하여야 한다.[25] 국가 및 지방자치단체는 청소년활동의 지원, 청소년복지의 증진 및 청소년보호의 수행에 필요한 법적·제도적 장치를 마련하여 시행하여야 하며, 근로청소년을 특별히 보호하고 근로가 청소년의 균형 있는 성장과 발전에 도움이 되도록 필요한 시책을 마련하여야 하고, 가정과 사회의 청소년에 대한 책임수행에 필요한 여건을 조성하는 한편, 청소년활동의 지원·청소년복지의 증진·청소년보호 등의 제도적 시행, 근로 청소년에 대한 특별한 보호, 가정 및 사회의 청소년에 대한 책임수행에 필요한 여건 조성 등에 필요한 재원을 안정적으로 확보하기 위한 시책을 수립·실시하여야 한다.[26]

제2절 청소년육성정책의 총괄·조정

1. 청소년육성정책의 총괄·조정

청소년육성정책은 여성가족부장관이 관계행정기관의 장과 협의하여 이를 총괄·조정한다.[27]

---

25) 청소년기본법 제7조
26) 청소년기본법 제8조
27) 청소년기본법 제9조

2. 청소년정책관계기관협의회

청소년정책에 관한 관계 기관 간의 연계·조정과 상호협력을 위하여 여성가족부에 관계기관의 공무원 등으로 구성되는 청소년정책 관계기관협의회를 둔다. 이 협의회에서는 2개 이상의 행정기관에 관련되는 청소년정책의 조정에 관한 사항과 여러 부처가 협력하여 추진하여야 하는 청소년정책에 관한 사항에 관하여 협의한다.[28]

청소년정책관계기관협의회는 위원장을 포함한 15인 이내의 위원으로 구성하며 위원장은 여성가족부장관이 되고, 위원은 기획재정부차관·교육과학기술부차관·법무부차관·행정안전부차관·문화체육관광부차관·지식경제부차관·보건복지부차관·고용노동부차관·경찰청장과 그 밖에 관계중앙행정기관의 차관 또는 이에 상응하는 지위를 가진 자 중에서 해당 중앙행정기기관의 장이 지명하는 사람으로 구성한다. 회의는 위원장이 소집하고 재적위원 과반수의 출석과 출석위원 과반수의 찬성으로 의결한다. 청소년정책에 관한 전문적인 사항을 조사·연구하기 위하여 청소년정책관계기관협의회에 5인 이내의 전문위원을 둘 수 있으며 사무 처리를 위하여 여성가족부 소속 공무원 중에서 위원장이 지명하는 간사 1인을 둔다.[29]

3. 지방청소년육성위원회

청소년육성에 관한 지방자치단체의 주요시책을 심의하기 위하여 특별시장·광역시장·도지사(시·도지사) 및 시장·군수·구청장(자치구의 구청장)의 소속하에 지방청소년육성위원회를 두며 그 구성·조직·운영 등에 관한 사

---

28) 청소년기본법 제10조
29) 청소년기본법 제10조 제3항 및 시행령 제3조

항은 청소년정책관계기관협의회의 규정을 준용하되 필요한 사항은 조례로 정한다.[30]

4. 청소년특별회의

국가는 범정부적 차원의 청소년육성 정책과제의 설정·추진 및 점검을 위하여 청소년분야의 전문가와 청소년이 참여하는 청소년특별회의를 매년 개최하여야 한다.[31] 청소년특별회의에 참석하는 사람은 청소년특별회의의 지역회의에서 추천하는 청소년, 청소년 관련 기관·단체가 추천하는 청소년, 청소년 관련 단체·시설·학계의 관계자, 여성가족부장관이 공개모집을 통하여 선정한 청소년, 그 밖에 여성가족부장관이 필요하다고 인정하는 사람으로 하고, 여성가족부장관은 참석대상을 정함에 있어 성별·연령별·지역별로 각각 전체 청소년을 대표할 수 있도록 노력하여야 한다.[32] 청소년특별회의는 매년 시·도 단위의 지역회의를 개최한 후 전국단위의 회의를 개최하며, 청소년 관련 토론회 및 문화예술행사 등과 병행할 수 있다.[33] 여성가족부장관은 청소년특별회의의 의제를 선정하여 선정된 의제를 청소년특별회의 개최 1월 전까지 관계행정기관의 장에게 통보하여야 하며, 여성가족부장관은 청소년특별회의의 의제 선정 및 연구 등을 위하여 관계공무원 또는 관계전문가에게 협조를 요청할 수 있고, 특별회의의 의제와 관련된 중앙행정기관의 장 또는 지방자치단체의 장이 회의에 참석하도록 필요한 협조를 요청할 수 있다.[34]

---

30) 청소년기본법 제11조
31) 청소년기본법 제12조 제1항
32) 청소년기본법시행령 제12조
33) 청소년기본법시행령 제13조
34) 청소년기본법시행령 제14조 및 제15조

5. 청소년육성에 관한 기본계획 및 연도별 시행계획

국가는 청소년육성에 관한 기본계획을 5년마다 수립하여야 하며, 청소년육성에 관한 기본계획을 수립함에 있어서 이전의 기본계획에 관한 분석평가, 청소년육성에 관한 기본방향, 청소년육성에 관한 추진목표, 청소년육성에 관한 기능의 조정, 청소년육성의 분야별 주요시책, 청소년육성에 소요되는 재원의 조달방법, 그 밖에 청소년육성을 위하여 특히 필요하다고 인정되는 사항 등이 포함되어야 한다. 이 경우 여성가족부장관은 청소년업무관련 중앙행정기관의 장의 의견을 들어 청소년육성에 관한 기본계획을 수립하여야 한다.[35] 그리고 국가 및 지방자치단체는 청소년육성에 관한 기본계획에 의하여 연도별 시행계획을 각각 수립·시행하여야 하며, 이에 따라 청소년업무 관련 중앙행정기관의 장 및 특별시장·광역시장·도지사(시·도지사)는 매년 다음해의 연도별 시행계획을 여성가족부장관에게 제출하여야 한다.[36] 국가 및 지방자치단체는 청소년 육성에 관한 기본계획 및 연도별 시행계획의 수립·시행을 위하여 필요한 때에는 공공기관·사회단체 그 밖의 민간기업체의 장에게 협조를 요청할 수 있으며, 이 경우 협조요청을 받은 자는 특별한 사정이 없는 한 이에 협조하여야 한다.[37]

---

35) 청소년기본법 제13조 및 영 제16조 제1항
36) 청소년기본법 제14조 및 영 제16조 제2항
37) 청소년기본법 제15조

제3절 청소년의 달 및 청소년 시설

1. 청소년의 달

청소년의 능동적이고 자주적인 주인의식을 고취하고 청소년육성을 위한 국민의 참여분위기를 조성하기 위하여 매년 5월을 청소년의 달로 하며, 여성가족부장관은 청소년의 달을 기념하기 위하여 국가·지방자치단체·공공단체·청소년단체 등이 청소년의 문화·예술·수련·체육에 관한 행사, 청소년의 인권증진 및 육성 등에 관한 연구발표 행사, 모범청소년·청소년지도자 및 우수청소년단체 등에 대한 포상, 대중매체 등을 통한 홍보행사, 그 밖에 청소년육성에 관하여 범국민적인 관심을 높이기 위한 행사를 실시할 수 있도록 노력하여야 한다.[38]

2. 청소년시설

청소년시설이란 청소년활동시설(청소년활동에 제공되는 시설), 청소년복지시설(청소년복지에 제공되는 시설), 청소년보호시설(청소년보호에 제공되는 시설)을 말하며, 그 각각에 관한 사항은 따로 법률로 정한다. 국가 및 지방자치단체는 청소년시설을 설치·운영하여야 하며, 국가 및 지방자치단체가 설치한 청소년시설을 청소년단체에 위탁하여 운영할 수 있고, 국가 및 지방자치단체 외의 자는 따로 법률이 정하는 바에 의하여 청소년시설을 설치·운영할 수 있다. 국가 및 지방자치단체는 청소년시설의 적합성·공공성·안전성에 대한 국민의 신뢰를 확보하고, 그 설치와 운영을 지원하기 위하여 필요한 지도·감독을 할 수 있다.[39]

---

38) 청소년기본법 제16조 및 영 제17조

제4절 청소년지도자

1. 청소년지도자의 양성 및 자질향상 지원

　국가 및 지방자치단체는 청소년지도자의 양성과 자질향상에 필요한 시책을 강구하여야 하며, 청소년업무를 담당하는 소속 공무원이 청소년업무에 관한 자질을 갖출 수 있도록 조치하여야 한다.[40] 이에 따라 여성가족부장관은 청소년지도자의 자질향상과 전문성 제고를 위하여 청소년관련 단체·기관 및 대학 등에서 운영하는 청소년지도자 연수과정의 경비 일부를 지원할 수 있으며, 이 경우 청소년지도자의 자질향상과 전문성 제고를 위한 연수과정에 대한 경비의 일부지원은 연수시간이 40시간 이상인 연수과정을 대상으로 하고, 청소년지도자 연수과정의 운영에 대한 지원을 받고자 하는 청소년 관련 단체·기관 및 대학 등의 장은 연수개시 30일 전까지 연수목적 및 과목, 교과과정표 및 그 설명서, 연수기간 및 장소, 연수인원 및 강사현황, 연수에 소요되는 경비에 관한 예산명세서, 그 밖에 연수에 관한 참고 사항을 기재한 서류를 여성가족부장관에게 제출하여야 한다.[41]

2. 청소년지도사

　여성가족부장관은 청소년지도사 자격검정에 합격하고 청소년지도사 연수기관에서 실시하는 연수과정을 마친 자에게 청소년지도사의 자격을 부여하며, 청소년지도사의 등급은 1·2·3급으로 구분한다.[42] 청소년지도사가 될 수 없

---

39) 청소년기본법 제17조 내지 제19조
40) 청소년기본법 제20조 및 영 제18조 제1항
41) 청소년가본법시행령 제18조 제2항 내지 제4항 및 시행규칙 제2조
42) 청소년기본법시행령 제19조

는 결격 사유로는 미성년자·금치산자 또는 한정치산자, 파산선고를 받은 자로서 복권되지 아니한 자, 금고 이상의 형을 받고 그 집행이 종료되거나 집행을 받지 아니하기로 확정된 후 2년이 경과되지 아니한 자, 금고 이상의 형을 받고 그 집행유예의 기간이 종료되지 아니한 자, 법원의 판결 또는 법률에 의하여 자격이 상실되거나 정지된 자 등이다.[43] 청소년지도사의 자격검정은 여성가족부장관이 실시하며, 다만 여성가족부장관이 필요하다고 인정하는 때에는 청소년 관련 전문기관,「한국산업인력공단법」에 따른 한국산업인력공단에 위탁하여 실시할 수 있다.[44] 청소년지도사 자격검정 등급별 응시자격 기준은 <표 2-1-1> 및 <표 2-1-2>와 같으며, 청소년지도사 등급별 자격검정의 과목 및 방법은 <표 2-2>와 같다.[45] 대학졸업(예정)자 또는 이와 동등 이상의 학력이 있는 자로서 2급 청소년지도사 자격검정에 필요한 과목 모두를 전공과목으로 이수한 사람 및 대학원의 학위과정 수료(예정)자로서 2급 청소년지도사 자격검정에 필요한 과목 모두를 전공과목으로 이수한 사람이 2급 청소년지도사 자격검정에 응시한 경우와 전문대학 졸업(예정)자 또는 이와 동등 이상의 학력이 있는 자로서 3급 청소년지도사 자격검정에 필요한 과목 모두를 전공과목으로 이수한 사람이 3급 청소년지도사 자격검정시험에 응시한 경우에는 그 각각의 필기시험을 면제한다.[46][47] 1급 청소년지도사 자격검정은 필기시험에서 매 과목 100점을 만점으로 하여 매 과목 40점 이상, 전 과목 평균 60점 이상 득점한 자를 합격한 사람으로 하며, 2급·3급청소년지도사 자격검정은 필기시험에서 매 과목 100점을 만점으로 하여 매 과목 40점 이상, 전 과목 평균 60점 이상 득점한 사람 또는 필기시험을 면제받은 사람으로서 면접시험에 합격한 사람을 합격자로 한다. 이 경우 2급·3급 청소년지도사 자격검정에서 면접시험은

---

43) 청소년기본법 제21조 제3항

44) 청소년기본법시행령 제20조 제1항

45) 청소년기본법시행령 제20조 제2항

46) 청소년기본법시행령 제20조 제3항, 영 별표 제1호: 2급 청소년지도사응시자격기준 제1호 및 제3호

47) 청소년기본법시행령 제20조 제3항, 영 별표 제1호; 3급청소년지도사응시자격기준 제1호

청소년지도자로서의 가치관 및 정신자세, 예의·품행 및 성실성, 의사발표의 정확성 및 논리성, 청소년에 관한 전문지식과 그 응용능력, 창의력·의지력 및 지도력에 관하여 평가하며, 필기시험에 합격하고 면접시험에 불합격한 사람에 대하여는 다음 회의 시험에 한하여 필기시험을 면제한다.[48] 여성가족부장관은 청소년지도사 자격검정에 합격하고 청소년지도사 연수기관에서 실시하는 연수과정을 마친 사람에게 청소년지도사의 자격을 부여하는데, 청소년지도사 연수는 청소년지도사의 등급별 또는 대상특성별로 나누어 실시하며, 다만 등급별 또는 대상특성별 인원과 연수내용 등을 고려하여 통합하여 실시하는 것이 효율적이라고 인정되는 경우에는 이를 통합하여 실시할 수 있고, 청소년지도사 연수과정은 30시간 이상으로 하며 연수내용은 청소년지도사로의 자질과 전문성을 함양할 수 있는 내용으로 한다.[49]

<표 2-1-1> 청소년지도사 자격검정의 등급별 응시자격 기준

등급	응시자격 기준
1급 청소년 지도사	2급 청소년지도사 자격 취득 후 청소년활동 등 청소년육성업무에 종사한 경력이 3년 이상인 사람
2급 청소년 지도사	1. 대학 졸업(예정)자 또는 이와 같은 수준 이상의 학력이 있는 사람으로서 2급 청소년지도사 자격검정에 필요한 과목 모두를 전공과목으로 이수한 사람 2. 2005년 12월 31일 이전에 대학을 졸업하였거나 이와 같은 수준 이상의 학력을 취득한 사람으로서 별표 1의2에 따른 과목을 이수한 사람 3. 대학원의 학위과정 수료(예정)자로서 2급 청소년지도사 자격검정에 필요한 과목 모두를 전공과목으로 이수한 사람 4. 2005년 12월 31일 이전에 대학원의 학위과정을 수료한 사람으로서 별표 1의2에 따른 과목 중 필수영역 과목을 이수한 사람 5. 대학 졸업 또는 이와 같은 수준 이상의 학력이 있다고 다른 법령에서 인정받은 후 청소년활동 등 청소년육성업무에 종사한 경력이 2년 이상인 사람 6. 전문대학 졸업 또는 이와 같은 수준 이상의 학력이 있다고 다른 법령에서 인정받은 후 청소년활동 등 청소년육성업무에 종사한 경력이 3년 이상인 사람

---

48) 청소년기본법시행규칙 제5조
49) 청소년기본법시행령 제21조 및 영 제24조

2급 청소년 지도사	7. 3급 청소년지도사 자격 취득 후 청소년활동 등 청소년육성업무에 종사한 경력이 2년 이상인 사람 8. 고등학교 졸업 또는 이와 같은 수준 이상의 학력을 인정받은 후 청소년활동 등 청소년육성업무에 종사한 경력이 8년 이상인 사람
3급 청소년 지도사	1. 전문대학 졸업(예정)자 또는 이와 같은 수준 이상의 학력이 있는 사람으로서 3급 청소년지도사 자격검정에 필요한 과목 모두를 전공과목으로 이수한 사람 2. 2005년 12월 31일 이전에 전문대학을 졸업하였거나 이와 같은 수준 이상의 학력을 취득한 사람으로서 별표 1의2에 따른 과목을 이수한 사람 3. 전문대학 졸업 또는 이와 같은 수준 이상의 학력이 있다고 다른 법령에서 인정받은 후 청소년활동 등 청소년육성업무에 종사한 경력이 2년 이상인 사람 4. 고등학교 졸업 또는 이와 같은 수준 이상의 학력이 있다고 다른 법령에서 인정받은 후 청소년활동 등 청소년육성업무에 종사한 경력이 3년 이상인 사람

비고

1. 청소년활동 등 청소년육성업무 종사경력의 인정 범위와 내용은 여성가족부장관이 별도로 정하여 고시한다.

2. 2급 청소년지도사 자격증을 소지하고 대학원에서 1급 자격검정에 필요한 과목을 전공과목으로 이수한 석사학위 소지자 또는 박사학위 소지자는 각각 2년 또는 3년의 경력을 가진 것으로 인정한다.

3. 제18조에 따른 청소년지도자 연수 등 청소년육성 관련 연수 또는 교육을 받은 경우 그 내용에 따라 점수로 환산하여 청소년지도사 자격 취득에 필요한 청소년활동 등 청소년육성업무 종사경력으로 인정할 수 있다. 이 경우 연수 및 교육을 받은 사람의 경력환산 점수는 여성가족부장관이 별도로 정하여 고시한다.

4. 고등학교, 대학, 전문대학 및 대학원이란 각각 「초·중등교육법」 제2조 제4호에 따른 고등학교, 「고등교육법」 제2조 제1호·제4호에 따른 대학·전문대학, 「고등교육법」 제29조에 따른 대학원을 말한다.

청소년기본법시행령 〈별표 1〉

<표 2-1-2> 2005년 12월 31일 이전에 대학 등을 졸업한 청소년지도사
자격검정 응시자격 인정에 필요한 과목

구분	영역	이수과목
2급	필수영역	청소년심리, 청소년문화, 청소년복지, 청소년 육성법규와 행정, 청소년수련활동, 청소년지도방법론
	선택영역	청소년정책론, 청소년문제, 청소년상담, 청소년교류, 청소년환경, 프로그램 개발과 평가 중 3과목
		봉사활동, 야외활동, 레크리에이션활동, 스포츠활동, 문화예술활동, 인성계발활동, 과학정보활동, 환경보전활동, 국제교류활동, 상담지도, 청소년기관 행정 및 운영, 동아리활동, 특수청소년지도 중 1과목
3급	필수영역	청소년수련활동, 청소년심리, 청소년문화, 청소년정책론, 청소년지도방법, 청소년문제
	선택영역	봉사활동, 야외활동, 레크리에이션활동, 스포츠활동, 문화예술활동, 인성계발활동, 과학정보활동, 환경보전활동, 국제교류활동, 상담지도, 청소년기관 행정 및 운영, 동아리활동, 특수청소년지도 중 1과목

청소년기본법시행령 〈별표 1의2〉

<표 2-2> 청소년지도사 자격검정의 과목 및 방법

구분	검정과목	검정방법	
1급	청소년연구방법론, 청소년 인권과 참여, 청소년정책론, 청소년기관운영, 청소년지도자론	주·객관식 필기시험	
2급	청소년육성제도론, 청소년지도방법론, 청소년심리 및 상담, 청소년문화, 청소년활동, 청소년복지, 청소년프로그램 개발과 평가, 청소년문제와 보호	객관식 필기시험	면접 (3급 청소년지도사 자격증 소지자는 면접시험 면제)
3급	청소년육성제도론, 청소년활동, 청소년심리 및 상담, 청소년문화, 청소년지도방법론, 청소년문제와 보호, 청소년프로그램 개발과 평가	객관식 필기 시험	면접

※ 주: 청소년지도사 자격검정의 과목과 관련된 전공과목의 인정범위는 여성가족부장관이 별도로 정하여 고시한다.

청소년기본법시행령 〈별표 2〉

3. 청소년상담사

청소년상담사의 등급은 1·2·3급으로 구분하며 여성가족부장관은 청소년
상담사 자격검정에 합격하고 청소년상담사 연수기관에서 실시하는 연수과정
을 마친 자에게 청소년상담사의 자격을 부여한다.[50] 청소년상담사가 될 수
없는 결격 사유로는 청소년지도사의 경우를 준용하므로 미성년자·금치산자
또는 한정치산자, 파산선고를 받은 자로서 복권되지 아니한 자, 금고 이상의
형을 받고 그 집행이 종료되거나 집행을 받지 아니하기로 확정된 후 2년이
경과되지 아니한 자, 금고 이상의 형을 받고 그 집행유예의 기간이 종료되지
아니한 자, 법원의 판결 또는 법률에 의하여 자격이 상실되거나 정지된 자 등
이다.[51] 청소년상담사의 자격검정은 여성가족부장관이 실시하며 여성가족부
장관이 필요하다고 인정하는 때에는 한국청소년상담원 또는 한국산업인력공
단에 위탁하여 실시할 수 있다.[52] 청소년상담사 자격검정 등급별 응시기준과
자격검정 과목 및 방법은 <표 2-3> 및 <표 2-4>와 같고, <표 2-3>의 1급
청소년상담사 응시자격기준 제1호에서 "여성가족부령이 정하는 상담 관련분
야"라 함은 상담의 이론과 실제(상담원리·상담기법), 면접원리, 발달이론, 집
단상담, 심리측정 및 평가, 이상심리, 성격심리, 사회복지실천(기술)론, 상담교
육, 진로상담, 가족상담, 학업상담, 비행상담, 성상담, 청소년상담 또는 이와
내용이 동일하거나 유사한 과목 중 4과목 이상을 교과과목으로 채택하고 있
는 학문분야를 말한다.[53] 청소년상담사 자격검정은 필기시험에서 매 과목
100점을 만점으로 하여 매 과목 40점 이상, 전 과목 평균 60점 이상 득점한
자로서 면접시험에 합격한 사람을 합격자로 하며, 이 경우 면접시험은 청소

---

50) 청소년기본법 제22조 제1항 및 영 제22조
51) 청소년지도사 규정 준용
52) 청소년기본법시행령 제23조 제1항
53) 청소년기본법시행령 제23조 제2항 및 별표 3·4, 시행규칙 제7조

년상담자로서의 가치관 및 정신자세, 청소년상담을 위한 전문적 지식 및 수련의 정도, 예의·품행 및 성실성, 의사표현의 정확성과 논리성, 창의력·판단력 및 지도력 등에 관하여 평가한다. 그리고 청소년상담사 자격검정 필기시험에 합격하고 면접시험에 불합격한 사람에 대하여는 다음 회의 시험에 한하여 필기시험을 면제하며, 그 밖에 시험에 관한 방법·채점기준 등은 여성가족부장관이 정하여 고시한다.[54] 청소년상담사 자격검정에 합격하고 청소년상담사 연수기관에서 실시하는 연수과정을 마친 사람에게 청소년상담사의 자격을 부여한다.[55] 여성가족부장관은 청소년상담사 검정 합격자의 연수에 관한 업무를 한국청소년상담원에 위탁하여 실시하되, 연수는 청소년상담사의 등급별로 나누어 실시하며, 다만 등급별 대상인원과 연수내용 등을 고려하여 통합하여 실시하는 것이 효율적이라고 인정되는 경우에는 이를 통합하여 실시할 수 있고, 청소년상담사의 연수과정은 100시간 이상으로 하며 연수내용은 이론 강의 및 실습 등으로 한다.[56]

<표 2-3> 청소년상담사 자격검정의 등급별 응시자격기준

등급	응시자격기준
1급 청소년 상담사	1. 대학원에서 청소년(지도)학·교육학·심리학·사회사업(복지)학·정신의학·아동(복지)학 분야 또는 그 밖의 총리령이 정하는 상담 관련 분야(이하 "상담관련분야"라 한다)의 박사학위를 취득한 사람 2. 대학원에서 상담 관련 분야를 전공하고 석사학위를 취득한 후 상담 실무경력이 4년 이상인 자 3. 2급 청소년상담사로서 상담 실무경력이 3년 이상인 자 4. 제1호 및 제2호에 규정된 사람과 동등 이상의 자격이 있다고 여성가족부령이 정하는 자
2급 청소년 상담사	1. 대학원에서 상담 관련 분야의 석사학위를 취득한 사람 2. 대학 및 다른 법령의 규정에 의하여 이와 동등한 학력을 인정받는 기관에서 상담 관련 분야 학사학위를 취득한 후 상담 실무경력이 3년 이상인 사람

---

54) 청소년기본법시행규칙 제10조

55) 청소년기본법 제22조 제1항

56) 청소년기본법시행령 제24조

2급 청소년 상담사	3. 3급 청소년상담사로서 상담 실무경력이 2년 이상인 사람 4. 제1호 내지 제3호에 규정된 자와 동등 이상의 자격이 있다고 여성가족부령이 정하는 자
3급 청소년 상담사	1. 대학 및 「평생교육법」에 의한 학력이 인정되는 평생교육시설의 상담 관련분야 졸업(예정)자 2. 전문대학 및 다른 법령의 규정에 의하여 이와 동등한 학력을 인정받는 기관에서 상담 관련 분야 전문학사를 취득한 사람으로서 상담 실무경력이 2년 이상 인 사람 3. 대학 또는 다른 법령에 따라 동등한 학력을 인정받는 기관에서 학사학위를 취득한 후 상담 실무경력이 2년 이상인 자 4. 전문대학 및 다른 법령의 규정에 의하여 이와 동등한 학력을 인정받는 기관에서 전문학사를 취득한 후 상담 실무경력이 4년 이상인 사람 5. 고등학교를 졸업하고 상담 실무경력이 5년 이상인 사람 6. 제1호 내지 제4호에 규정된 사람과 같은 수준의 자격이 있다고 여성가족부령이 정하는 사람

비고
1. 상담 실무경력의 인정범위와 내용은 여성가족부장관이 정하여 고시하는 기준에 의한다.
2. 고등학교, 전문대학, 대학 및 대학원은 〈별표 1〉의 비고 제4호와 같다.

청소년기본법시행령 〈별표 3〉

\<표 2-4\> 청소년상담사 자격검정의 과목 및 방법

등급	검정과목		검정 방법	
	구분	과목		
1급	필수	○ 상담사 교육 및 사례지도 ○ 청소년관련법과 행정 ○ 상담연구방법론의 실제	필기 시험	면접
	선택	비행상담·성상담·약물상담·위기상담 중 2과목		
2급	필수	○ 청소년 상담의 이론과 실제 ○ 상담연구방법론의 기초 ○ 심리측정 평가의 활용 ○ 이상심리	필기 시험	면접
	선택	진로상담·집단상담·가족상담·학업상담 중 2과목		

3급	필수	○ 발달심리 ○ 집단상담의 기초 ○ 심리측정 및 평가 ○ 상담이론 ○ 학습이론	필기 시험	면접
	선택	청소년이해론·청소년수련활동론 중 1과목		

비고: "청소년관련법"이라 함은 「청소년기본법」, 「청소년복지지원법」, 「청소년보호법」, 「아동·청소년의 성 보호에 관한 법률」, 「청소년활동진흥법」, 「학교폭력예방 및 대책에 관한 법률」, 「소년법」을 말하며, 그 밖의 법령을 포함하는 경우 여성가족부장관이 이를 고시한다.

청소년기본법시행령 〈별표 4〉

4. 청소년지도사·청소년상담사의 배치 및 채용 등

청소년시설 및 청소년단체는 <표 2-5>의 기준에 따라서 청소년지도사 및 청소년상담사를 배치하여 청소년육성 업무에 종사하도록 하여야 하며, 국가 및 지방자치단체는 <표2-5>의 기준에 따라 청소년단체 또는 청소년시설에 배치된 청소년지도사 및 청소년상담사에 대하여 예산의 범위 안에서 그 활동비의 전부 또는 일부를 보조할 수 있다.[57] 「교육기본법」[58]에 의한 학교(유아교육·초등교육·중등교육 및 고등교육 기관)는 청소년육성에 관련되는 업무를 수행함에 있어 필요한 경우에 청소년지도사 또는 청소년상담사를 채용할 수 있으며, 이 경우 국가 및 지방자치단체는 채용에 소요되는 보수 등 필요한 경비의 전부 또는 일부를 보조할 수 있다.[59]

---

57) 청소년기본법 제23조 및 영 제25조

58) 교육기본법 제9조 (학교교육) ① 유아교육·초등교육·중등교육 및 고등교육을 하기 위하여 학교를 둔다.
   ② 학교는 공공성을 가지며, 학생의 교육 외에 학술 및 문화적 전통의 유지·발전과 주민의 평생교육을 위하여 노력하여야 한다.
   ③ 학교교육은 학생의 창의력 계발 및 인성 함양을 포함한 전인적 교육을 중시하여 이루어져야 한다.
   ④ 학교의 종류와 학교의 설립·경영 등 학교교육에 관한 기본적인 사항은 따로 법률로 정한다.

59) 청소년기본법 제24조

<표 2-5> 청소년지도사·청소년상담사의 배치대상 및 배치기준

1. 청소년지도사의 배치기준

가. 청소년수련시설

배치대상	배치기준
청소년 수련관	1급 청소년지도사 1명, 2급 청소년지도사 1명, 3급 청소년지도사 2명 이상을 두되, 수용인원이 500명을 초과하는 경우에는 500명을 초과하는 250명당 1급, 2급 또는 3급 청소년지도사 중 1명 이상을 추가로 둔다.
청소년 수련원	1) 2급 청소년지도사 및 3급 청소년지도사를 각각 1명 이상 두되, 수용정원이 500명을 초과하는 경우에는 1급 청소년지도사 1명 이상과 500명을 초과하는 250명당 1급, 2급 또는 3급 청소년지도사 중 1명 이상을 추가로 둔다. 2) 지방자치단체에서 폐교시설을 이용하여 설치한 시설로서 특정 계절에만 운영하는 시설의 경우에는 청소년지도사를 두지 않을 수 있다.
유스 호스텔	청소년지도사를 1명 이상 두되, 숙박정원이 500명을 초과하는 경우에는 2급 청소년지도사 1명 이상을 추가로 둔다.
청소년 야영장	1) 청소년지도사를 1명 이상 둔다. 다만, 설치·운영자가 동일한 시·도 안에 다른 수련시설을 운영하면서 청소년야영장을 운영하는 경우로서 다른 수련시설에 청소년지도사를 둔 경우에는 그 청소년야영장에 청소년지도사를 별도로 두지 않을 수 있다. 2) 국가, 지방자치단체, 그 밖에 공공법인이 설치·운영하는 청소년야영장으로서 청소년수련거리의 실시 없이 이용 편의만 제공하는 경우에는 청소년지도사를 두지 않을 수 있다.
청소년문화의집	청소년지도사를 1명 이상 둔다.
청소년특화시설	2급 청소년지도사 및 3급 청소년지도사를 각각 1명 이상 둔다.

비고: 청소년수련시설은 「청소년활동진흥법」 제10조 제1호에 따른 청소년수련시설을 말한다.

나. 청소년단체

배치대상	배치기준
청소년 단체	청소년회원 수가 2천 명 기하인 경우에는 1급 청소년지도사 또는 2급 청소년지도사 1명 이상을 두되, 청소년회원 수가 2천 명을 초과하는 경우에는 그 초과하는 2천 명마다 1급 청소년지도사 또는 2급 청소년지도사 1명 이상을 추가로 두며, 청소년회원 수가 1만 명 이상인 경우에는 청소년지도사의 5분의 1 이상은 1급 청소년지도사로 두어야 한다.

2. 청소년상담사의 배치기준

배치대상 청소년시설	배치기준
법 제46조에 따른 기관	1급 청소년상담사 또는 2급 청소년상담사 3명 이상을 두고, 3급 청소년상담사 1명 이상을 둔다.

법 제46조의2에 따른 기관	청소년상담사 1명 이상을 둔다.
「청소년복지지원법」 제14조에 따른 청소년쉼터	청소년상담사 1명 이상을 둔다.

청소년기본법시행령 〈별표 5〉

5. 지방자치단체의 청소년 관련 업무

지방자체단체의 청소년육성에 관한 업무를 효율적으로 운영하기 위하여 특별시·광역시·도(시·도), 시·군·구(자치구)에 청소년육성에 관한 업무를 전담하는 기구를 따로 설치할 수 있으며 이 경우 청소년육성전담기구의 사무의 범위·조직 그 밖에 필요한 사항은 조례로 정한다. 특별시·광역시·도(시·도), 시·군·구(자치구) 및 읍·면·동 또는 지방자치단체의 청소년육성전담기구에 청소년지도사 또는 청소년상담사의 자격을 가진 자를 청소년육성전담공무원으로 둘 수 있으며, 청년육성전담공무원은 그 관할구역 안의 청소년 및 다른 청소년지도자 등에 대하여 그 실태를 파악하고 필요한 지도를 하여야 하고, 관계행정기관과 청소년단체 및 청소년시설의 설치·운영자는 청소년육성전담공무원의 업무수행에 협조하여야 하며, 지방자치단체의 청소년육성전담공무원의 임용 등에 관하여 필요한 사항은 조례로 정한다. 시장·군수·구청장은 청소년육성을 담당하게 하기 위하여 청소년지도위원을 위촉하여야 하는데, 청소년지도위원에게 청소년지도위원임을 표시하는 증표를 교부할 수 있으며, 청소년지도위원이 그 임무를 원활하게 수행할 수 있도록 수당·여비·연수기회의 제공 등 필요한 지원을 할 수 있다. 청소년지도위원의 자격·위촉절차 등에 관하여 필요한 사항은 조례로 정한다.[60]

---

60) 청소년기본법 제25조 내지 제27조

제5절 청소년단체

1. 청소년단체의 역할과 지원 및 수익사업

청소년단체는 학교교육과 상호 보완할 수 있는 청소년활동을 통한 청소년의 기량과 품성 함양, 청소년복지 증진을 통한 청소년의 삶의 질 향상, 유해환경으로부터 청소년을 보호하기 위한 청소년보호업무의 수행을 위하여 최선의 노력을 하여야 하며 이러한 역할을 수행함에 있어서 청소년의 의견을 적극 반영하여야 한다.[61]

국가 및 지방자치단체는 청소년단체의 조직과 활동에 필요한 행정적인 지원을 할 수 있으며, 예산의 범위 안에서 그 운영·활동 등에 필요한 경비의 일부를 보조할 수 있으며, 이 경우 국가 드는 지방자치단체가 청소년단체에 지원 또는 보조할 수 있는 범위는 청소년활동과 청소년복지 및 청소년보호에 관한 사업, 국내외 주요 청소년 관련 국제행사, 「청소년활동진흥법」[62]의 규정에 의한 청소년수련거리의 개발 및 보급, 청소년지도자의 연수 및 국제교류, 그 밖에 중앙행정기관의 장 또는 지방자치단체의 장이 청소년단체의 육성 또는 활성화를 위하여 필요하다고 인정하는 사업 등이다. 그리고 개인·법인 또는 단체는 청소년단체의 시설 및 운영을 지원하기 위하여 금전 그 밖의 재산을 출연할 수 있다.[63]

청소년단체는 정관이 정하는 바에 의하여 청소년육성과 관련한 수익사업을 할 수 있으며, 수익사업의 범위는 건물·토지 및 시설장비 등의 임대, 청소년 관련 정보 및 간행물의 출판 및 판매, 청소년육성 관련 프로그램의 개발 및 보급, 청소년활동 관련 장비·기자재·물품의 제작 및 판매, 신문·방송

---

61) 청소년기본법 제28조
62) 청소년활동진흥법 제2조 제6호
63) 청소년기본법 제29조 및 영 제27조

및 인터넷 등을 통한 청소년 관련 상품이나 행사에 관한 정보제공 또는 광고, 그 밖에 단체설립의 목적을 달성하기 위하여 필요한 사업 등이다. 수익사업의 수익금은 목적사업의 수행을 위하여 사용하여야 하며, 수익사업의 회계는 일반회계와 구분하여 회계 처리하여야 한다.[64]

2. 청소년단체협의회

청소년단체는 청소년육성을 위한 활동으로서 회원단체가 행하는 사업과 활동에 대한 협조·지원, 청소년지도자의 연수와 권익증진, 청소년 관련 분야의 국제기구활동, 외국 청소년단체와의 교류 및 지원, 남·북청소년 및 해외교포청소년과의 교류·지원, 청소년활동에 관한 조사·연구·지원, 청소년관련 도서출판 및 정보지원, 청소년육성을 위한 홍보 및 실천운동, 지방청소년단체협의회에 대한 협조 및 지원, 그 밖에 청소년육성을 위하여 필요한 사업을 수행하기 위하여 여성가족부장관 인가를 받아 한국청소년단체협의회를 설립할 수 있으며, 그리고 이 활동의 일부를 정관이 정하는 바에 의하여 회원단체에 위탁할 수 있다. 한국청소년단체협의회는 법인으로 하며, 그 주된 사무소의 소재지에서 설립등기를 함으로써 성립하고, 한국청소년단체협의회에 관하여 청소년기본법에서 규정한 것을 제외하고는 「민법」 중 사단법인에 관한 규정을 준용한다. 국가는 한국청소년단체협의회의 운영 및 활동에 소요되는 경비를 지원할 수 있으며, 법인·개인 또는 단체는 한국청소년단체협의회의 운영 및 사업 등을 지원하기 위하여 금전 그 밖의 재산을 출연 또는 기부할 수 있다. 한국청소년단체협의회는 설립목적에 지장이 없는 범위에서 수익사업을 할 수 있으며, 발생한 수익은 한국청소년단체협의회 또는 한국청소년단체협의회의 운영시설 외의 목적에 사용할 수 없다.[65]

---

64) 청소년기본법 제30조 및 영 제28조

3. 지방청소년단체협의회

특정지역을 활동범위로 하는 청소년단체는 청소년육성을 위하여 그 지역을 관할하는 시·도의 조례가 정하는 바에 의하여 시·도지사의 인가를 받아 지방청소년단체협의회를 설립할 수 있으며, 이 경우 지방자치단체는 예산의 범위 안에서 해당 지방청소년단체협의회의 운영경비의 전부 또는 일부를 지원할 수 있다.[66]

4. 한국청소년상담원

청소년의 올바른 인격형성과 조화로운 성장을 위한 청소년상담 관련 정책의 연구개발, 청소년 상담기법의 연구 및 상담 자료의 제작·보급, 청소년 상담사업의 시범운영, 상담인력의 양성 및 연수, 청소년 상담기관 상호 간의 연계 및 지원, 시·도 및 시·군·구 기관의 청소년상담·위기 관련 사항에 대한 지도 및 지원, 청소년의 건전한 가치관정립과 부모교육, 학업중단 청소년 관련 사업에 대한 지도 및 지원, 그 밖에 여성가족부장관이 지정하거나 상담원의 목적수행을 위하여 필요한 사업을 수행하기 위하여 한국청소년상담원을 설립한다. 한국청소년상담원은 법인으로 하며, 그 주된 사무소의 소재지에서 설립등기를 함으로써 성립한다. 한국청소년상담원에 관하여 청소년기본법에서 규정한 것을 제외하고는 「민법」 중 재단법인에 관한 규정을 준용하며, 정관에는 목적, 명칭, 주된 사무소의 소재지, 사업에 관한 사항, 임원 및 직원에 관한 사항, 이사회에 관한 사항, 재산 및 회계에 관한 사항, 정관의 변경에 관한 사항을 기재하여야 한다. 한국청소년상담원에 이사장 및 원장 각 1인을

---

65) 청소년기본법 제40조
66) 청소년기본법 제41조

포함한 15인 이내의 이사와 감사 1인을 두며, 이사장은 이사 중에서 이사회의 의결로 선임하여 여성가족부장관의 승인을 얻어야 한다. 원장을 제외한 이사장과 이사는 비상임으로 하되, 이사는 이사회의 제청으로 여성가족부장관이 임면하고, 그 임기는 3년으로 한다. 감사는 비상임으로 하며 여성가족부장관이 임면하고 그 임기는 3년으로 한다. 원장은 이사회의 제청으로 여성가족부장관이 임면하며 그 임기는 3년으로 하고 원장은 상담원의 대표 및 사무를 통할한다.

한국청소년상담원은 청소년상담 관련 정책의 연구개발, 청소년 상담기법의 연구 및 상담 자료의 제작·보급, 청소년 상담사업의 시범운영, 상담인력의 양성 및 연수와 관련된 교육·연구를 보다 과학적·실증적·체계적으로 수행하기 위하여 관련 법률의 규정에 따라 전문교육기관을 설치할 수 있으며, 필요한 경우에 정관이 정하는 바에 의하여 분원을 둘 수 있다. 정부는 예산의 범위에서 한국청소년상담원의 사업 및 운영에 드는 경비를 보조할 수 있으며, 개인·법인 또는 단체는 상담원의 운영 또는 사업 등을 지원하기 위하여 금전이나 그 밖의 재산을 출연 또는 기부할 수 있다. 한국청소년상담원은 목표·방침·주요사업·소요예산 및 재원구성 등이 포함된 사업의 개요, 교부받으려는 보조금액 및 그 사용 계획, 사업의 효과 및 그 밖의 참고사항 등이 포함된 사업계획서 및 예산서를 작성하여 매 사업연도 개시 전까지 여성가족부장관에게 제출하여 승인을 받아야 하며, 사업연도마다 세입·세출결산서를 작성하여 공인회계사의 감사를 받아 다음 사업연도의 3월 20일까지 여성가족부장관에게 제출하여야 한다.[67]

---

67) 청소년기본법 제42조 내지 제44조

5. 시·도의 청소년상담 및 긴급구조 등의 기관 설치

시·도지사는 청소년에 대한 상담·긴급구조·자활·치료 등의 기능을 수행하는 기관을 설치·운영할 수 있으며 이 기관은 법인으로 설치할 수 있다. 시·도의 청소년상담 및 긴급구조 등의 기관이 수행하는 구체적인 기능은 청소년 및 부모에 대한 상담, 상담프로그램의 개발 및 운영, 상담자원봉사자 및 청소년지도자에 대한 교육 및 연수, 청소년상담 또는 긴급구조를 위한 전화운영, 청소년 폭력·학대 등으로 피해를 당한 청소년의 긴급구조 및 법률·의료 지원, 청소년의 자립능력 향상을 위한 자활 및 재활 지원, 지역사회 청소년 관련 기관과의 연계협력체제 구축·운영, 그 밖에 청소년상담 및 긴급구조 등을 위하여 필요한 사업 등이다. 시·도지사는 시·도의 청소년상담 및 긴급구조 등의 기관의 효율적인 운영을 위하여 운영협의회 또는 자문위원회를 설치·운영할 수 있으며, 청소년상담 및 긴급구조 등의 기관을 청소년단체 등에 위탁하여 운영하도록 할 수 있다. 시·도지사가 시·도의 청소년상담 및 긴급구조 등의 기관을 설치·운영할 경우 그 기관에 대하여 국가는 예산의 범위 안에서 그 경비의 일부를 보조할 수 있다.[68]

6. 시·군·구의 청소년지원 등의 기관 설치

시장·군수·구청장은 청소년에 대한 상담·긴급구조·자활·치료 등의 기능과 청소년활동·자원봉사·참여·인권 등의 지원기능을 수행하는 기관을 설치·운영할 수 있으며, 이 기관은 법인으로 설치할 수 있다. 시·군·구의 청소년지원 등의 기관이 수행하는 구체적인 기능은 청소년 및 부모에 대한 상담, 상담프로그램의 개발 및 운영, 상담자원봉사자 및 청소년지도자에

---

68) 청소년기본법 제46조 및 영 제33조

대한 교육 및 연수, 청소년상담 또는 긴급구조를 위한 전화 운영, 청소년 폭력·학대 등으로 피해를 당한 청소년의 긴급구조 및 법률·의료 지원, 청소년의 자립능력 향상을 위한 자활 및 재활 지원, 지역사회 청소년 관련 기관과의 연계협력체제 구축·운영, 그 밖에 청소년상담 및 긴급구조 등을 위하여 필요한 사업 등의 기능과 청소년활동 및 자원봉사에 대한 교육 및 정보 제공, 인권이 침해된 청소년에 대한 상담 및 교육, 그 밖에 청소년 참여 촉진 등 지역사회 청소년 활동 등을 위하여 필요한 사업 등을 수행한다. 시장·군수·구청장은 시·군·구의 청소년지원 등의 기관의 효율적인 운영을 위하여 운영협의회 또는 자문위원회를 설치·운영할 수 있으며, 시·군·구의 청소년지원 등의 기관을 청소년단체 등에 위탁하여 운영하도록 할 수 있다. 또한 시장·군수·구청장은 시·군·구의 청소년지원 등의 기관을 설치·운영할 경우 그 기관에 대하여 국가는 예산의 범위 안에서 그 경비의 일부를 보조할 수 있다.[69]

제6절 청소년활동 및 복지 등

1. 청소년활동 및 방과 후 지원

국가 및 지방자치단체는 청소년활동을 지원하여야 하며 이와 관련하여 청소년활동의 지원에 관한 사항은 따로 법률로 정한다.[70] 국가 및 지방자치단체는 청소년활동과 학교교육·평생교육을 연계하여 교육적 효과를 높일 수 있도록 하는 시책을 수립·시행하여야 하고 여성가족부장관은 이러한 시책

---

69) 청소년기본법 제46조의 2 및 영 제33조의 2

70) 청소년기본법 제47조; 이 규정에 의하여 청소년활동진흥법이 제정됨

을 수립함에 있어서 미리 관련 기관의 협의와 전문가의 의견을 들어야 하며, 이 경우 여성가족부장관의 협의를 요청받은 관련 기관은 특별한 사유가 없는 한 이에 응하여야 한다.[71]

국가와 지방자치단체는 학교의 정규교육으로 보호할 수 없는 시간 동안 청소년의 전인적 성장발달을 지원하기 위하여 다양한 교육 및 활동프로그램 등을 제공하는 종합적인 지원 방안을 마련하여야 한다. 이에 따라 여성가족부장관과 시·도지사는 매년 청소년 방과 후 활동 종합지원계획(이하 이 장에서 "방과후종합지원계획"이라 한다)을 수립·시행하여야 하며, 방과후종합지원계획에는 ① 방과 후 활동의 수요 및 현황 조사, ② 방과 후 교육 및 활동 프로그램의 개발 및 보급, ③ 방과 후 활동에 필요한 시설의 확보, 전문 인력의 선발 및 배치, ④ 방과 후 활동 종합지원사업[72]의 운영 및 평가, ⑤ 그 밖에 관할 구역의 학교와 청소년의 방과 후 활동을 지원하는 기관 및 단체 등과의 연계 등에 관한 사항이 포함되어야 한다. 여성가족부장관과 시·도지사 및 시장·군수·구청장은 청소년의 방과 후 활동을 지원하는 청소년 방과 후 활동 종합지원사업(방과후 사업)을 실시할 수 있다. 이 경우 방과 후 사업은 장애청소년과 다문화청소년 등 특별한 교육 및 활동이 필요한 청소년을 대상으로 할 수 있으며, 방과후사업은 ① 청소년의 역량 개발 지원, ② 청소년의 기본학습 및 보충학습 지원, ③ 청소년의 안전하고 건강한 방과 후 활동을 위한 급식, 시설 지원 및 상담, ④ 청소년의 안전하고 건강한 방과 후 활동을 위한 학부모 교육, 청소년의 방과 후 활동을 지원하는 기관 및 단체 등의 개발 및 연계, ⑤ 그 밖에 청소년의 방과 후 활동을 지원하기 위해 필요한 활동을 포함한다. 여성가족부장관과 시·도지사는 청소년의 방과 후 활동을 종합적으로 지원하기 위하여 청소년 방과 후 활동 지원센터를 설치·운영할 수 있

---

71) 청소년기본법 제48조
72) 영 제33조의 4에 규정된 방과 후 활동 종합지원사업을 말함.

으며, 이 지원센터를 방과 후 사업운영에 관한 전문성이 있는 법인 또는 단체에 위탁하여 운영할 수 있다. 청소년 방과 후 활동 지원센터는 ① 방과후종합지원계획의 수립·시행, ② 방과후사업의 운영 관리, 컨설팅 및 평가, ③ 청소년의 방과 후 활동 지원을 위한 국내외 자료조사, ④ 방과후사업의 업무 종사자를 위한 교육·연수(여성가족부장관이 설치하는 지원센터만 해당한다), ⑤ 방과후사업의 운영모형 개발(여성가족부장관이 설치하는 지원센터만 해당한다), ⑥ 그 밖에 청소년의 방과 후 활동을 종합적으로 지원하기 위하여 필요한 사업을 수행한다.[73]

2. 청소년복지지원

국가는 청소년들의 의식·태도·생활 등에 관한 사항을 정기적으로 조사하고, 이를 개선하기 위하여 청소년의 복지향상정책을 수립·시행하여야 하며, 국가 및 지방자치단체는 기초생활의 보장, 직업재활훈련, 청소년활동지원 등의 시책을 추진함에 있어서 정신적·신체적·경제적·사회적으로 특별한 지원을 필요로 하는 청소년에 대하여 우선적으로 배려하여야 하고, 청소년의 삶의 질을 향상하기 위하여 구체적인 시책을 마련하여야 한다. 그리고 이에 관하여는 따로 법률로 정한다.[74] 국가 및 지방자치단체는 청소년의 가출 및 비행을 예방하고 이들의 건전한 사회복귀를 돕기 위하여 필요한 복지적 지원을 제공하여야 하며, 가정은 국가 및 지방자치단체에 우선하여 청소년의 가출 및 비행을 예방하기 위하여 노력하여야 하고 가출·비행청소년의 건전한 사회복귀를 위한 국가 및 지방자치단체 등의 노력에 적극 협력하여야 한다.[75] 국가 및 지방자치단체는 청소년의 정보화 역량을 배양하기 위한 환경조성에

---

73) 청소년기본법 제48조의 2 및 영 제33조의3 내지 제33조의5
74) 청소년기본법 제49조; 이 규정에 따라 청소년복지지원법이 제정됨.
75) 청소년기본법 제50조

노력하여야 한다. 또한 청소년에게 유익한 매체물의 제작·보급 등을 장려하여야 하며 매체물의 제작·보급 등을 하는 자에 대하여 그 제작·보급 등에 관한 경비 등을 지원할 수 있고 주택단지의 청소년시설 배치 등 청소년을 위한 사회 환경과 자연환경의 조성에 노력하여야 한다.[76]

3. 청소년보호

국가 및 지방자치단체는 청소년에게 유해한 매체물과 약물 등이 유통되지 아니하도록 하여야 하며, 청소년이 유해한 업소에 출입하거나 고용되지 아니하도록 하여야 하고, 청소년을 폭력·학대·성매매 등 유해한 행위로부터 보호·구제하여야 하는데, 이와 관련하여 청소년에게 유해한 매체물·약물·업소·행위 등의 규제 등은 따로 법률로 정한다.[77]

제7절 청소년육성기금

청소년육성에 필요한 재원을 확보하기 위하여 청소년육성기금을 설치하며,[78] 청소년육성기금(이하 이 절에서 "기금"이라 한다)은 여성가족부장관이 관리·운용한다. 여성가족부장관은 기금의 수입과 지출에 관한 사무를 수행하기 위하여 소속 공무원 중에서 기금수입징수관·기금재무관·기금지출관 및 기금출납공무원을 임명하여야 한다.[79] 여성가족부장관은 기금의 관리·운용에 관한 사무의 전부 또는 일부를 한국청소년단체협의회,[80] 「청소년활동

---

76) 청소년기본법 제51조
77) 청소년기본법 제52조: 이 규정에 따라 청소년보흐법이 제정됨.
78) 청소년기본법 제53조 제1항
79) 청소년기본법 제53조 재4항 및 영 제35조 제1항

진흥법」에 따른 한국청소년활동진흥원, 「정부출연연구기관 등의 설립·운영 및 육성에 관한 법률」에 따라 설립된 한국청소년정책연구원 또는 「국민체육진흥법」의 규정에 따른 서울올림픽기념국민체육진흥공단 중에서 선정하여 위탁할 수 있다. 여성가족부장관은 기금의 관리·운용에 관한 사무를 위탁하는 경우에는 그 위탁받은 기관의 임·직원 중에서 기금수입담당책임자와 기금지출원인행위담당책임자를, 그 직원 중에서 기금지출직원과 기금출납직원을 각각 임명하여야 한다. 이 경우 기금수입 담당 책임자는 기금수입징수관의 직무를, 기금지출원인행위 담당 책임자는 기금재무관의 직무를, 기금지출직원은 기금지출관의 직무를, 기금출납직원은 기금출납공무원의 직무를 각각 수행한다. 청소년육성기금은 금융회사 등에의 예치, 「자본시장과 금융투자업에 관한 법률」[81]에 따른 증권의 매입, 청소년육성 등을 위한 사업에의 투자 및 융자, 그 밖에 기금조성을 위하여 여성가족부장관이 필요하다고 인정하는 사업에의 투자 등의 방법으로 관리 및 운용한다. 기금은 기업회계의 원칙에 의하여 회계처리하고, 기금의 회계연도는 정부의 회계연도에 따른다. 그리고 기금을 관리·운용하는 자는 기금의 수입과 지출을 명확히 하기 위하여 한국은행에 청소년육성기금계정을 설치하여야 한다. 국가 또는 지방자치단체는 여성가족부장관 또는 여성가족부장관으로부터 업무 위탁을 받은 기금의 관리기관의 기금조성을 지원하기 위하여 기금관리기관에 국유 또는 공유의 시설·물품 그 밖의 재산을 그 용도 또는 목적에 지장을 주지 아니하는 범위에서 무상으로 사용·수익하게 하거나 대부할 수 있다. 또한 기금관리기관은 청소년육성 또는 기금의 조성을 위하여 기금의 일부 또는 기금관리기관의 시설·물품 그 밖의 재산의 일부를 청소년단체의 기본재산에 출연 또는 출자할 수 있으며 기금조성의 전망을 고려하여 기금사용을 조절함으로써 궁극적으

---

80) 청소년기본법 제40조에 따른 한국청소년단체협의회를 말함.

81) 자본시장과 금융투자업에 관한 법률 제4조

로 청소년육성을 위한 재원확보에 기여할 수 있는 장기계획을 수립하여 시행하여야 한다. 기금은 정부의 출연금, 「국민체육진흥법」82) 및 「경륜·경정법」83)에 의한 출연금, 개인·법인 또는 단체가 출연하는 금전·물품 그 밖의 재산, 기금의 운용으로 생기는 수익금, 다른 기금으로부터의 전입금, 여성가족부장관이 인정하는 수입금 등을 재원으로 조성하며, 이 경우 개인·법인 또는 단체가 출연하는 금전·물품 그 밖의 재산을 출연하는 자는 용도를 지정하여 출연할 수 있으나 특정단체 또는 개인에 대한 지원을 용도로 지정할 수 없다. 기금은 청소년활동의 지원, 청소년시설의 설치 및 운영을 위한 지원, 청소년지도자의 양성을 위한 지원, 청소년단체의 운영 및 활동을 위한 지원, 청소년복지증진을 위한 지원, 청소년보호를 위한 지원, 청소년육성정책의 수행과정에 관한 과학적 연구의 지원, 기금조성사업을 위한 지원, 청소년육성에 관한 홍보, 청소년의 포상 및 격려, 기금의 운용 및 관리, 그 밖에 여성가족부장관이 청소년육성 등을 위하여 필요하다고 인정하는 사업 등에 사용한다. 시·도지사는 관할구역 안의 청소년활동지원 등 청소년육성을 위한 사업지원에 필요한 재원을 확보하기 위하여 지방청소년육성기금을 설치할 수 있으며, 이 경우 지방청소년육성기금의 조성·용도, 그 밖에 필요한 사항은 조례로 정한다.84)

---

82) 국민체육진흥법 제22조 제3항 제1호

83) 경륜·경정법 제18조제1항 제1호

84) 청소년기본법 제53조 내지 제56조 및 영 제34조 나지 제36조

제8절 보칙

1. 국·공유재산의 대부 등

국가 또는 지방자치단체는 청소년시설의 설치, 청소년단체의 육성을 위하여 필요한 경우에는 「국유재산법」 또는 「지방재정법」의 규정에도 불구하고 그 용도에 지장을 주지 아니하는 범위에서 청소년시설이나 청소년단체에게 국·공유재산을 무상으로 대부하거나 사용·수익하게 할 수 있다. 이 경우 국·공유재산의 대부·사용·수익의 내용 및 조건에 관하여는 당해 재산을 사용·수익하고자 하는 자와 당해 재산의 관리청 또는 지방자치단체장 간의 계약에 의한다.[85]

2. 조세의 감면 등

국가는 한국청소년단체협의회·지방청소년단체협의회·한국청소년상담원, 시·도의 청소년상담 및 긴급구조 등의 기관과 시·군·구의 청소년지원 등의 기관 그리고 청소년정책연구원 등 청소년단체 및 청소년단체가 운영하는 청소년시설에 대하여 「조세특례제한법」이 정하는 바에 의하여 조세를 감면할 수 있고 「부가가치세법」이 정하는 바에 따라 부가가치세를 감면할 수 있다. 또한 국가는 한국청소년단체협의회·지방청소년단체협의회·한국청소년상담원, 시·도의 청소년상담 및 긴급구조 등의 기관과 시·군·구의 청소년지원 등의 기관[86] 그리고 청소년정책연구원 등 청소년단체 및 청소년단체가 운영하는 청소년시설에 출연 또는 기부된 재산, 정부의 출연금·「국민체육진

---

85) 청소년기본법 제57조
86) 청소년기본법 제46조의 2의 규정에 의한 기관

흥법」[87) 및 「경륜·경정법」[88)에 의한 출연금과 개인·법인 또는 단체가 출연하는 금전·물품 그 밖의 재산; 기금의 운용으로 생기는 수익금·다른 기금으로부터의 전입금·여성가족부장관이 인정하는 수입금 등의 기금에 출연된 금전 그 밖의 재산에 대하여는 조세특례제한법이 정하는 바에 의하여 소득계산의 특례를 적용할 수 있다. 국가는 한국청소년단체협의회·지방청소년단체협의회·한국청소년상담원, 시·도의 청소년상담 및 긴급구조 등의 기관과 시·군·구의 청소년지원 등의 기관 그리고 청소년정책연구원 등 청소년단체 및 청소년단체가 운영하는 청소년시설이 수입하는 청소년활동에 사용되는 실험·실습·시청각기자재 그 밖의 필요한 용품과 고도의 정밀성 등으로 수입이 불가피한 청소년시설·설비 등에 대하여는 관세법이 정하는 바에 의하여 관세를 감면할 수 있다.[89)

3. 감독·포상·유사명칭 사용 금지·수수료 등

국가 및 지방자치단체는 청소년육성을 위하여 필요한 경우에 청소년시설 및 한국청소년단체협의회·지방청소년단체협의회·한국청소년상담원, 시·도의 청소년상담 및 긴급구조 등의 기관과 시·군·구의 청소년지원 등의 기관 등 청소년단체에게 업무·회계 및 재산에 관한 사항을 보고하게 하거나 소속공무원으로 하여금 그 장부·서류 그 밖의 물건을 검사하게 할 수 있다. 이 경우 검사를 하는 공무원은 그 권한을 표시하는 증표를 지니고 이를 관계인에게 내보여야 한다.[90) 정부는 청소년육성에 관하여 공로가 현저하거나 다른 청소년의 모범이 되는 자에 대하여 포상을 할 수 있다.[91) 청소년기본법에

---

87) 국민체육진흥법 제22조 제3항 제1호

88) 경륜·경정법 제18조제1항 제1호

89) 청소년기본법 제53조 내지 제5조 및 영 제34조 내지 37조

90) 청소년기본법제59조

의한 상담원·협의회가 아닌 자는 한국청소년상담원·한국청소년단체협의회 또는 이와 유사한 명칭을 사용하지 못한다.[92]

청소년지도사 자격검정에 응시하거나 연수과정을 이수하는 자와 청소년상담사 자격검정에 응시하거나 연수과정을 이수하는 자는 여성가족부령으로 정하는 바에 따라 수수료를 납부하여야 하는데, 청소년지도사 및 청소년상담사의 자격검정 수수료는 실비 등을 고려하여 여성가족부장관이 정하여 고시하고, 청소년지도사 및 청소년상담사의 연수과정 수수료는 여성가족부장관이 실비 등을 고려하여 청소년지도사 연수기관의 장 및 청소년상담사 연수기관의 장과 협의하여 정하고 이를 고시한다. 그리고 청소년시설을 설치·운영하는 자 및 위탁운영을 하는 단체는 청소년시설을 이용하는 자로부터 이용료를 받을 수 있다.[93] 여성가족부장관은 청소년기본법에 의한 권한의 일부를 대통령령이 정하는 바에 의하여 시·도지사에게 위임하거나 청소년단체에 위탁할 수 있다.[94]

제9절 벌칙 및 과태료

1. 벌칙

2천만 원 이하의 벌금 및 양벌규정 청소년단체의 정관이 정하는[95] 사업 외의 수익사업을 한 자는 2년 이하의 징역 또는 2천만 원 이하의 벌금에 처하

---

91) 청소년기본법 제60조
92) 청소년기본법 제61조
93) 청소년기본법 제62조 및 시행규칙 제13조
94) 청소년기본법 제63조
95) 청소년기본법 제30조

며, 법인의 대표자나 법인 또는 개인의 대리인, 사용인, 그 밖의 종업원이 그 법인 또는 개인의 업무에 관하여 이를 위반한 경우에는 그 행위자를 벌하는 외에 그 법인 또는 개인에게도 해당 조문의 벌금형을 과(科)한다. 다만, 법인 또는 개인이 그 위반행위를 방지하기 위하여 해당 업무에 관하여 상당한 주의와 감독을 게을리 하지 아니한 경우에는 그러하지 아니하다.[96]

2. 과태료

500만 원 이하의 과태료 청소년시설 및 협의회·지방청소년단체협의회·상담원, 시·도의 청소년상담 및 긴급구조 등의 기관과 시·군·구의 청소년지원 등의 기관이 업무·회계 및 재산에 관한 사항에 대하여 국가 및 지방자치단체에 보고하지 아니하거나 그 소속공무원에 대하여 관계 장부·서류 그 밖의 물건의 검사·명령을 거부·방해 또는 기피한 경우와 청소년기본법에 의한 한국청소년상담원·한국청소년단체협의회가 아닌 자가 한국청소년상담원·한국청소년단체협의회 또는 이와 유사한 명칭을 사용한 경우에는, 500만 원 이하의 과태료에 처하며,[97] 과태료는 <표 2-6>에서 정하는 바에 의하여 여성가족부장관 또는 지방자치단체의 장이 부과·징수한다.[98]

96) 청소년기본법 제64조 및 제65조
97) 청소년기본법 제66조
98) 청소년기본법 제66조 제2항

<표 2-6> 청소년기본법의 과태료의 부과기준

1. 일반기준

가. 위반행위의 횟수에 따른 과태료 부과기준은 최근 1년간 같은 위반행위를 한 경우에 적용한다. 이 경우 위반횟수는 위반사항에 대하여 과태료 부과처분을 한 날과 다시 같은 위반사항을 적발한 날을 각각 기준으로 하여 계산한다.

나. 부과권자는 위반행위자가 다음의 어느 하나에 해당하는 경우에는 제2호에 따른 과태료 금액의 2분의 1의 범위에서 그 금액을 감경할 수 있다.

1) 위반행위가 사소한 부주의나 오류 등 과실로 인한 것으로 인정되는 경우

2) 위반의 내용·정도가 경미하여 사회적 피해가 적다고 인정되는 경우

3) 법 위반상태를 시정하거나 해소하기 위한 노력이 인정되는 경우

4) 그 밖에 위반행위의 정도, 동기와 그 결과 등을 고려하여 감경할 필요가 있다고 인정되는 경우

2. 개별기준

(단위: 만 원)

위반행위	근거 법 조문	과태료 금액	
		1차 위반	2차 이상 위반
가. 법 제59조 제1항에 따른 보고를 하지 않은 경우	법 제66조 제1항 제1호	150	300
나. 법 제59조 제1항에 따른 검사·명령을 거부·방해 또는 기피한 경우	법 제66조 제1항 제1호	250	500
다. 법 제61조를 위반한 경우	법 제66조 제1항 제2호	150	300

청소년기본법시행령 〈별표 6〉

제3장 청소년활동진흥법

제1절 서설

1. 제정 및 구성

청소년기본법에서 국가 및 지방자치단체는 청소년활동을 지원하여야 함을 명시하면서 이에 대하여는 따로 법률로 정하도록 하고 있으며,[99] 이에 따라 다양한 청소년활동진흥법은 청소년활동을 적극적으로 진흥하기 위하여 필요한 사항을 정함을 목적으로 2004년 2월 9일 제정되었다.[100] 청소년활동진흥법은 8개의 장 72개의 조문과 부칙으로 구성되어 있으며, 제1장 총칙에는 법의 목적, 용어의 정의, 관계기관의 협조, 청소년운영위원회, 제2장 청소년활동보장에는 청소년활동의 지원, 한국청소년활동진흥원, 지방청소년활동진흥센터, 제3장 청소년활동시설에는 청소년활동시설의 종류, 수련시설의 설치·운영, 수련시설의 허가요건, 수련시설의 등록, 수련시설의 운영대표자, 수련시설의 운영위탁, 수련시설의 운영기준, 수련시설의 안전기준, 수련시설의 이용료 및 수련비용, 수련시설의 보험가입 등 제4장 청소년수련활동의 지원에는 청소년수련거리의 개발·보급, 청소년수련활동인증제도, 한국청소년수련시설협회, 지방청소년수련시설협회, 청소년수련지구, 제5장 청소년교류활동의 지원에는 청소년교류활동의 진흥, 국제청소년교류활동의 지원, 지방자치단체의 자매도시협정, 교포청소년교류활동의 지원, 청소년교류센터의 설치·운영, 남·북청소년교류활동의 제도적 지원, 제6장 청소년문화활동의 지원에는 청소년문화활동의 진흥, 청소년활동의 기반구축, 전통문화의 계승, 청소년축제의 발굴지원, 청소년동아리활동의 활성화, 청소년봉사활동의 활성화, 제7장 보칙에는 조세감면 등, 감독, 수수료, 권한의 위임·우탁, 제8장은 벌칙으로 되어 있다.

---

99) 청소년기본법 제47조

100) 청소년활동진흥법 제1조

2. 용어의 해설

청소년활동진흥법에서 "청소년활동"이란 청소년기본법에 규정되어 있는 내용을 준용하고 있으므로 청소년의 균형 있는 성장을 위하여 필요한 활동과 이러한 활동을 소재로 하는 수련활동·교류활동·문화활동 등 다양한 형태의 활동을 말한다.[101] 여기에서 "청소년수련활동"(수련활동)이란 청소년이 청소년활동에 자발적으로 참여하여 청소년 시기에 필요한 기량과 품성을 함양하는 교육적 활동으로서 청소년지도자와 함께 청소년수련거리에 참여하여 배움을 실천하는 체험활동이며, "청소년교류활동"(교류활동)이란 청소년이 지역 간·남북 간·국가 간의 다양한 교류를 통하여 공동체의식 등을 함양하는 체험활동이고, "청소년문화활동"(문화활동)이란 청소년이 예술활동·스포츠활동·동아리활동·봉사활동 등을 통하여 문화적 감성과 더불어 살아가는 능력을 함양하는 체험활동을 말한다. "청소년활동시설"이란 수련활동·교류활동·문화활동 등 청소년활동에 제공되는 시설로서, 청소년수련시설과 청소년이용시설로 나누어진다. "청소년수련거리"(수련거리)란 수련활동에 필요한 프로그램과 이와 관련되는 사업을 말한다.[102]

3. 관계기관의 협조 및 지방청소년활동진흥협의회

여성가족부장관 및 지방자치단체의 장은 학생청소년의 청소년활동진흥을 위하여 청소년활동과 학교교육·평생교육을 연계하여 교육적 효과를 높일 수 있도록 하는 시책을 수립·시행함에 있어서[103] 교육과학기술부, 특별시·광역시·도교육청 및 지역교육청(이하 "교육청"이라 한다)에 필요한 협의를

---

101) 청소년기본법 제3조 제3호 및 청소년활동진흥법 제2조 제1호
102) 청소년활동진흥법 제2조
103) 청소년기본법 제48조 제1항

할 수 있으며, 이 경우 협의를 요청받은 관련기관은 특별한 사유가 없는 한 이에 응하여야 한다.[104] 그리고 이러한 시책 수립을 위한 협의를 원활하게 수행하기 위하여 지방자치단체의 장은 특별시·광역시·도교육청 및 지역교육청의 관계 공무원 등이 참석하는 지방청소년활동진흥협의회(지방협의회)를 구성하여 운영할 수 있으며, 지방협의회의 구성 및 운영에 관한 구체적인 사항은 조례로 정한다.[105]

4. 청소년운영위원회

청소년수련시설을 설치·운영하는 개인·법인·단체 및 위탁운영단체인 "수련시설운영단체"는 청소년활동을 활성화하고 청소년의 참여를 보장하기 위하여 청소년으로 구성되는 청소년운영위원회를 운영하여야 하며, 수련시설운영단체의 대표자는 청소년운영위원회의 의견을 수련시설 운영에 반영하여야 한다. 청소년운영위원회는 10인 이상 20인 이내의 청소년으로 구성하여야 하며, 위원의 임기는 1년으로 하되 연임할 수 있다. 청소년운영위원회의 위원장은 위원 중에서 호선하며, 위원장은 운영위원회를 대표하고, 운영위원회의 직무를 통할한다. 위원장이 부득이한 사유로 직무를 수행할 수 없는 때에는 위원장이 미리 지명한 위원이 그 직무를 대행한다.[106] 청소년운영위원회의 위원장은 필요시 회의를 소집하며, 그 의장이 된다. 운영위원회의 운영에 필요한 사항은 위원회의 의결을 거쳐 위원장이 정하며, 국가 및 지방자치단체는 예산의 범위 안에서 운영위원회의 운영에 필요한 경비를 지원할 수 있다.[107]

---

104) 청소년활동진흥법 제3조
105) 청소년활동진흥법시행령 제2조
106) 청소년활동진흥법시행령 제3조 제5항
107) 청소년활동진흥법 제4조 및 영 제3조

제2절 한국청소년활동진흥원 및 지방청소년활동진흥센터

1. 한국청소년활동진흥원

청소년육성을 위한 청소년활동·청소년복지·청소년보호에 관한 종합적 안내 및 서비스 제공, 청소년육성에 필요한 정보 등의 종합적 관리 및 제공, 청소년수련활동인증위원회 등 청소년수련활동인증제도의 운영, 청소년자원봉사활동의 활성화, 청소년활동 프로그램의 개발과 보급, 국가가 설치하는 수련시설에 대한 유지·관리 및 운영업무의 수탁, 국가 및 지방자치단체가 개발한 주요 수련거리의 시범운영, 청소년활동시설이 행하는 국제교류 및 협력사업에 대한 지원, 청소년지도자의 연수, 그 밖에 여성가족부장관이 지정하거나 활동진흥원의 목적을 수행하기 위하여 필요한 사업을 하기 위하여 한국청소년활동진흥원을 설치한다. 한국청소년활동진흥원은 법인으로 하며, 그 주된 사무소의 소재지에서 설립등기를 함으로써 성립한다. 한국청소년활동진흥원의 정관에는 목적, 명칭, 주된 사무소의 소재지, 사업에 관한 사항, 임원 및 직원에 관한 사항, 이사회에 관한 사항, 재산 및 회계에 관한 사항, 정관의 변경에 관한 사항이 포함되어야 하며, 한국청소년활동진흥원에는 이사장을 포함한 15명 이내의 이사와 감사 1명을 둔다. 이사장은 「공공기관의 운영에 관한 법률」[108)]에 따른 임원추천위원회가 복수로 추천한 사람 중에서 여성가족부장관이 임명한다. 상임이사는 한국청소년활동진흥원 이사장이 임명하며, 한국청소년활동진흥원의 정관에 따라 당연히 비상임 이사로 선임되는 사람을 제외하고 비상임 이사는 여성가족부장관이 임명한다. 감사는 임원추천위원회가 복수로 추천하여 「공공기관의 운영에 관한 법률」[109)]에 따른 공공기관

---

108) 공공기관의 운영에 관한 법률 제29조
109) 공공기관의 운영에 관한 법률 제8조

운영위원회의 심의·의결을 거친 사람 중에서 기획재정부장관이 임명한다. 이사장의 임기는 3년, 이사와 감사의 임기는 각각 2년으로 하되, 1년을 단위로 연임할 수 있다. 정부는 예산의 범위에서 한국청소년활동진흥원의 사업 및 운영에 드는 경비를 보조할 수 있으며, 개인·법인 또는 단체는 한국청소년활동진흥원의 사업 또는 운영을 지원하기 위하여 금전이나 그 밖의 재산을 출연 또는 기부할 수 있다. 한국청소년활동진흥원은 목표·방침·주요사업·소요예산 및 재원구성 등이 포함된 사업의 개요, 교부받으려는 보조금액 및 그 사용 계획, 사업의 효과 및 그 밖의 참고사항 등이 포함된 사업계획서 및 예산서를 작성하여 매 사업연도 시작 전까지 여성가족부장관에게 제출하여야 한다. 회계연도가 종료된 때에는 지체 없이 그 회계연도의 결산서를 작성하고 감사원규칙에서 정하는 바에 따라 공인회계사나 회계 법인을 선정하여 회계감사를 받아 매 회계연도 종료 후 2개월 이내에 해당 연도의 사업계획과 집행실적 대비표, 감사의 감사의견서 및 공인회계사나 회계법인의 감사의견서, 그 밖에 결산의 내용을 확인할 수 있는 참고자료를 첨부하여 여성가족부장관에게 제출하여야 한다. 한국청소년활등진흥원은 청소년육성에 필요한 정보 등의 종합적 관리 및 제공의 사업 수행을 위하여 필요한 때에는 공공기관 등에 대하여 간행물이나 자료의 제공을 요청할 수 있으며, 이 경우 상당한 대가를 지급하여야 하고, 한국청소년활동진흥원은 제공된 간행물이나 자료를 제공받은 목적 외의 용도로 사용하여서는 아니 된다. 또한 청소년육성에 필요한 정보 등의 종합적 관리 및 제공의 사업에 종사하는 임직원 및 그 직에 있었던 사람은 직무상 알게 된 비밀을 누설하여서는 아니 된다. 한국청소년활동진흥원에 관하여 청소년활동진흥법과 「공공기관의 운영에 관한 법률」에서 정한 사항 외에는 「민법」 중 자단법인에 관한 규정을 준용한다.

청소년활동진흥법에 따른 활동진흥원이 아닌 자는 한국청소년활동진흥원 또는 이와 유사한 명칭을 사용하지 못한다. 청소년육성에 필요한 정보 등의 종합적 관리 및 제공의 사업[110])에 종사하는 자는 「형법」 제129조부터 제132조까지의 규정[111])에 따른 벌칙의 적용에서는 이를 공무원으로 본다.[112])

2. 지방청소년활동진흥센터

특별시·광역시·도·특별자치도(시·도) 및 시·군·구(자치구를 말한다)는 해당 지역의 청소년활동을 진흥하기 위하여 지방청소년활동진흥센터를 설치·운영할 수 있다. 지방청소년활동진흥센터는 지역 청소년활동의 요구에 관한 조사, 지역 청소년자원봉사활동의 활성화, 청소년수련활동인증제도의 지원, 인증받은 청소년수련활동의 홍보와 지원, 청소년활동 프로그램의 개발과 보급, 청소년활동에 대한 교육과 홍보, 그 밖에 청소년활동을 위하여 필요한 사업을 수행하며, 이 경우 한국청소년활동진흥원과 연계·협력한다. 국가 및 지방자치단체는 예산의 범위에서 지방청소년활동진흥센터의 운영에 필요한 경비의 전부 또는 일부를 지원할 수 있다.[113])

---

110) 청소년활동진흥법 제6조 제1항 제2호의 사업

111) 제129조(수뢰, 사전수뢰) ① 공무원 또는 중재인이 그 직무에 관하여 뇌물을 수수, 요구 또는 약속한 때에는 5년 이하의 징역 또는 10년 이하의 자격정지에 처한다.
② 공무원 또는 중재인이 될 자가 그 담당할 직무에 관하여 청탁을 받고 뇌물을 수수, 요구 또는 약속한 후 공무원 또는 중재인이 된 때에는 3년 이하의 징역 또는 7년 이하의 자격정지에 처한다.
제130조(제삼자뇌물제공) 공무원 또는 중재인이 그 직무에 관하여 부정한 청탁을 받고 제3자에게 뇌물을 공여하게 하거나 공여를 요구 또는 약속한 때에는 5년 이하의 징역 또는 10년 이하의 자격정지에 처한다.
제131조(수뢰후부정처사, 사후수뢰) ① 공무원 또는 중재인이 전2조의 죄를 범하여 부정한 행위를 한 때에는 1년 이상의 유기징역에 처한다.
② 공무원 또는 중재인이 그 직무상 부정한 행위를 한 후 뇌물을 수수, 요구 또는 약속하거나 제삼자에게 이를 공여하게 하거나 공여를 요구 또는 약속한 때에도 전항의 형과 같다.
③ 공무원 또는 중재인이었던 자가 그 재직 중에 청탁을 받고 직무상 부정한 행위를 한 후 뇌물을 수수, 요구 또는 약속한 때에는 5년 이하의 징역 또는 10년 이하의 자격정지에 처한다.
④ 전3항의 경우에는 10년 이하의 자격정지를 병과할 수 있다.
제132조(알선수뢰) 공무원이 그 지위를 이용하여 다른 공무원의 직무에 속한 사항의 알선에 관하여 뇌물을 수수, 요구 또는 약속한 때에는 3년 이하의 징역 또는 7년 이하의 자격정지에 처한다. 111) 형법 제129조부터 제132조까지 조문 내용

112) 청소년활동진흥법 제6조 내지 제6조의 9 및 영 제4조 내지 제4조의 2

113) 청소년활동진흥법 제7조

3. 청소년활동정보의 제공 및 학교와의 협력 등

한국청소년활동진흥원과 지방청소년활동진흥센터는 청소년의 요구를 수용하여 청소년의 발달단계와 여건에 맞는 프로그램과 정보를 상시 안내하고 제공하여야 한다. 이러한 사업을 시행하기 위하여 한국청소년활동진흥원과 지방청소년활동진흥센터는 당해 지역 청소년의 활동요구를 정기적으로 조사하고, 그 결과를 당해 지역의 청소년활동시설과 「청소년기본법」[114)에 따른 청소년단체(청소년육성을 주된 목적으로 설립된 법인인 청소년단체 또는 청소년활동, 청소년복지, 청소년보호를 주요사업으로 하는 단체로서 여성가족부장관이 인정하는 청소년단체)에 제공하여야 한다.[115) 한국청소년활동진흥원과 지방청소년활동진흥센터는 청소년기본법[116)에 명시된 "국가 및 지방자치단체는 청소년활동과 학교교육·평생교육을 연계하여 교육적 효과를 높일 수 있도록 하는 시책을 수립·시행하여야 하고, 이에 대한 시책을 수립함에 있어서는 여성가족부장관은 미리 관련기관의 협의와 전문가의 의견을 들어야 하며, 이 경우 협의를 요청받은 관련기관은 특별한 사유가 없는 한 이에 응하여야 한다"는 규정에 따라 학교 및 평생교육시설과의 협력 체제를 구축하여야 한다. 그리고 한국청소년활동진흥원과 지방청소년활동진흥센터는 당해 지역 각급학교 및 평생교육시설에서 필요로 하는 청소년활동 관련사항을 지원할 수 있으며. 이에 따라서 한국청소년활동진흥원과 지방청소년활동진흥센터는 매년 1회 이상 상호 협의하여 수련거리를 개발하고, 이를 당해 지역의 수련시설에 보급하여야 한다. 또한 한국청소년활동진흥원과 지방청소년활동진흥센터는 학생청소년을 위한 수련거리를 개발할 때에 교육청 및 각급학교에 필요한 관련 자료를 요청할 수 있다. 이 경우 관계기관은 특별한 사유가

---

114) 청소년기본법 제3조 제8호
115) 청소년활동진흥법 제8조
116) 청소년기본법 제48조

없는 한 그 요청에 적극 협조하여야 한다.[117]

제3절 청소년활동시설

청소년활동시설의 종류는 청소년수련시설과 청소년이용시설로 구분할 수 있다. 청소년수련시설이란 다양한 수련거리를 실시할 수 있는 각종 시설 및 설비를 갖춘 종합수련시설인 청소년수련관, 숙박기능을 갖춘 생활관과 다양한 수련거리를 실시할 수 있는 각종 시설과 설비를 갖춘 종합수련시설인 청소년수련원, 간단한 수련활동을 실시할 수 있는 시설 및 설비를 갖춘 정보·문화·예술중심의 수련시설인 청소년문화의 집, 청소년의 직업체험·문화예술·과학정보·환경 등 특정 목적의 청소년활동을 전문적으로 실시할 수 있는 시설과 설비를 갖춘 수련시설인 청소년특화시설, 야영에 적합한 시설 및 설비를 갖추고 수련거리 또는 야영편의를 제공하는 수련시설인 청소년 야영장, 청소년의 숙박 및 체재에 적합한 시설·설비와 부대·편익시설을 갖추고 숙식편의제공, 여행청소년의 활동지원 등을 주된 기능으로 하는 시설인 유스호스텔을 말한다. 청소년이용시설이란 수련시설이 아닌 시설로서 그 설치목적의 범위에서 청소년활동의 실시와 청소년의 건전한 이용 등에 제공할 수 있는 시설을 말한다.[118]

1. 수련시설의 설치·운영 등

청소년기본법[119]에서는 국가 및 지방자치단체는 청소년시설을 설치·운영

---

117) 청소년활동진흥법 제9조
118) 청소년활동진흥법 제10조
119) 청소년기본법 제18조 제1항

하도록 규정하고 있으며, 이에 따라 국가 및 지방자치단체는 수련시설을 설치·운영하여야 한다. 국가는 2 이상의 시·도 또는 전국의 청소년이 이용할 수 있는 국립청소년수련시설을 설치·운영하여야 한다. 특별시장·광역시장·도지사·특별자치도지사(시·도지사) 및 시장·군수·구청장(자치구의 구청장)은 다양한 수련거리를 실시할 수 있는 각종 시설 및 설비를 갖춘 종합수련시설인 청소년수련관을 1개소 이상 설치·운영하여야 하며, 읍·면·동에 간단한 수련활동을 실시할 수 있는 시설 및 설비를 갖춘 정보·문화·예술 중심의 수련시설인 청소년문화의집을 1개소 이상 설치·운영하여야 한다. 또한 시·도지사 및 시장·군수·구청장은 청소년의 직업체험·문화예술·과학정보·환경 등 특정 목적의 청소년활동을 전문적으로 실시할 수 있는 시설과 설비를 갖춘 수련시설인 청소년특화시설, 야영에 적합한 시설 및 설비를 갖추고 수련거리 또는 야영편의를 제공하는 수련시설인 청소년야영장, 청소년의 숙박 및 체재에 적합한 시설·설비와 부대·편익시설을 갖추고 숙식편의제공과 여행청소년의 활동지원 등을 주된 기능으로 하는 시설인 유스호스텔을 설치·운영할 수 있다. 국가는 지방자치단체가 설치·운영하는 청소년수련관, 청소년문화의집, 청소년특화시설·청소년야영장 및 유스호스텔의 설치·운영 경비의 전부 또는 일부를 예산의 범위에서 보조할 수 있다. 개인·법인 또는 단체는 특별자치도지사·시장·군수·구청장의 허가를 받아 수련시설을 설치·운영할 수 있으며, 이 경우 국가 또는 지방자체단체는 예산의 범위 내에서 그 설치 및 운영에 필요한 경비의 일부를 보조할 수 있다.[120]

1) 수련시설의 운영대표자

수련시설을 설치·운영하는 자 또는 수련시설의 운영을 위탁받은 운영단

체는 다음의 자격을 갖춘 자를 그 수련시설의 운영대표자로 선임하여야 한다.
수련시설 운영대표자의 자격은 1급 청소년지도사자격증 소지자, 2급 청소년
지도사자격증 취득 후 청소년육성업무에 3년 이상 종사한 자, 3급 청소년지
도사자격증 취득 후 청소년육성업무에 5년 이상 종사한 자, 「초·중등교육법
」121)에 의한 정교사자격증소지자 중 청소년육성업무에 5년 이상 종사한 자,
청소년육성업무에 8년 이상 종사한 자, 7급 이상의 일반직공무원 또는 이에
상당하는 별정직공무원(고위공무원단에 속하는 일반직공무원 또는 별정직공
무원을 포함한다) 중 청소년육성업무에 3년 이상 종사한 자, 그 외의 공무원
중 청소년육성업무에 5년 이상 종사한 자로 한다. 수련시설 운영대표자 자격
을 위한 청소년육성업무 종사경력은 수련시설에서 청소년지도업무에 종사한
경력, 청소년단체에서 청소년지도·연구업무에 종사한 경력, 국가 또는 지방
자치단체의 청소년육성 관련 부서에서 근무한 경력, 「초·중등교육법」122)에
따른 각급학교에서 청소년단체활동 지도교사로 종사한 경력을 말한다. 수련
시설을 설치·운영하는 개인·법인 또는 단체의 대표자(수련시설의 대표자)
또는 수련시설의 운영을 위탁받은 위탁운영단체의 대표자가 위의 수련시설
운영대표자의 자격을 갖춘 때에는 수련시설의 대표자가 운영대표자가 될 수
있다. 수련시설의 대표자(법인의 경우에는 임원을 포함) 또는 운영대표자가
될 수 없는 결격사유로는, 미성년자·금치산자 또는 한정치산자, 파산선고를
받은 자로서 복권되지 아니한 자, 금고 이상의 형을 받고 그 집행이 종료되거
나 집행을 받지 아니하기로 확정된 후 2년이 경과되지 아니한 자, 금고 이상
의 형을 받고 그 집행유예의 기간이 종료되지 아니한 자, 법원의 판결 또는
법률에 의하여 자격이 상실되거나 정지된 자, 청소년활동진흥법에 정하여진
사유123) 등으로 허가 또는 등록을 취소받은 수련시설의 대표자로서 허가 또

---

121) 초·중등교육법 제21조
122) 초·중등교육법 제2조
123) 청소년활동진흥법 제22조

는 등록의 취소를 받은 날부터 2년이 경과되지 아니한 자에 해당하는 경우이다.[124]

2) 수련시설 운영의 위탁

청소년기본법에서는 수련시설의 효율적 운영을 위하여 청소년육성을 주된 목적으로 설립된 법인 또는 청소년활동·청소년복지·청소년보호를 주요사업으로 하는 단체로서 여성가족부장관이 인정하는 청소년단체에 그 운영을 위탁할 수 있도록 규정하고 있다.[125] 그리고 국가 또는 지방자치단체는 수련시설의 운영을 위탁받은 청소년단체(위탁운영단체)에 대하여 예산의 범위에서 위탁한 수련시설의 운영에 필요한 경비를 지원할 수 있으며, 위 1)의 "수련시설의 운영대표자, 수련시설의 대표자 및 운영대표자의 결격사유"의 규정은 위탁운영단체 및 그 대표자와 임원에 대하여 이를 준용한다.[126]

3) 시범수련시설의 지정 및 육성

여성가족부장관과 지방자치단체의 장은 수련시설 설치·운영의 활성화 및 수련거리의 보급·확산을 위하여 관할구역 안에서 시설·설비내용이 우수하고 수련거리의 운영에 모범이 되는 수련시설, 국가 및 지방자치단체 등에서 개발·보급하는 수련거리의 시범적용을 담당할 수련시설, 그 밖에 특별히 육성할 필요성이 있다고 인정되는 수련시설을 시범수련시설로 지정하여 육성할 수 있다. 이 경우 국가 및 지방자치단체는 지정된 시범수련시설에 대하여는 다른 수련시설에 우선하여 수련시설의 설치·운영경비 등을 지원할 수 있

---

124) 청소년활동진흥법 제14조 내지 제15조 및 영 제8조
125) 청소년기본법 제3조 제8호 및 제18조 및 영 제2조
126) 청소년활동진흥법 제16조

다. 또한 여성가족부장관과 지방자치단체의 장은 시범수련시설의 지정 및 육성에 관한 업무를 관련 전문기관에 위탁하여 실시할 수 있다. 시범수련시설의 지정 및 육성·지원에 관하여 그 밖의 필요한 사항은 여성가족부장관이 정한다.[127]

4) 수련시설의 시설·안전·운영의 기준

수련시설은 청소년이 다양한 활동을 통하여 기량과 품성을 함양하는 데 적합하도록 시설·설비를 갖추어야 한다.[128] 청소년수련관, 청소년수련원, 청소년문화의집, 청소년특화시설, 청소년야영장, 유스호스텔 등의 수련시설 운영대표자는 수련시설에 대하여 정기 및 수시 안전점검을 실시하여야 하고, 그 결과를 특별자치도지사·시장·군수·구청장에게 제출하여야 한다. 특별자치도지사·시장·군수·구청장은 수련시설의 정기 및 수시 안전점검의 결과를 제출받은 후 필요한 경우 수련시설의 운영대표자로 하여금 시설의 보완 또는 개·보수를 요구할 수 있으며, 이 경우 수련시설의 운영대표자는 이에 응하여야 한다. 국가 또는 지방자치단체는 예산의 범위에서 청소년활동진흥법[129]의 규정에 의한 안전점검 또는 시설의 보완 및 개·보수에 소요되는 비용의 전부 또는 일부를 보조할 수 있다. 수련시설의 설치·운영자는 안전사고 예방, 상병자에 대하여 응급처치 구호설비·기구, 비상연락장치 유지, 긴급 후송대책 방안, 위험한 장소에 안전시설을 설치, 안전요원 또는 긴급구조요원 배치, 개인보호장구 착용, 매월 1회 이상 시설물에 대한 안전점검 및 기록·관리, 시설물에 위험요인이 발견된 즉시 이용을 중단 및 보수 등의 조치, 종사자에 대한 안전교육, 이용방법, 유의사항, 비상시의 대피경로 등의 게시,

---

127) 청소년활동진흥법시행령 제9조
128) 청소년활동진흥법 제17조 제2항 및 시행규칙 제8조
129) 청소년활동진흥법 제18조 제1항 내지 제3항

이용자(인솔자를 포함한다)에 대한 사전 안전교육을 실시, 천재지변의 재해발생 우려 시 이용자들의 신속 대피, 해당 수련시설 안의 영업[130]을 위한 시설 또는 그 밖에 다른 법령에 따른 시설이 설치된 경우에 법령에서 정한 안전기준 등을 준수, 숙박·집회시설 및 숙박·집회시설과 이어진 건축물에는 샌드위치 판넬 등 연소 시 유독가스가 발생되는 건축자재는 사용 금지 등의 안전기준을 준수하여야 한다.[131] 수련시설은 그 종사자에 대하여 연 1회 이상 수련시설의 운영·안전·위생 등에 관한 교육을 실시하여야 한다. 수련시설의 수련활동 운영은 수련거리별로 구체적인 목적 명시, 청소년지도사에 의하여 실시, 청소년 개인의 정신적·신체적 능력 참작 및 강제 참여 금지, 청소년활동진흥법[132]의 규정에 의하여 인증받은 수련활동을 비롯한 다양한 활동을 실시할 수 있도록 하여야 한다. 수련시설의 운영에 있어서 생활지도는 특별한 경우를 제외하고는 23시 이전에 취침, 청소년의 남녀혼숙을 금지, 음주·흡연 행위금지, 집단급식소 등의 자급식 운영, 정신적·신체적 폭행이나 이와 유사한 행위 금지, 청소년의 탈선을 방지 및 타인으로부터의 위해 등을 예방하기 위한 조치를 취하여야 한다. 수련시설은 일일 수련활동실시 현황부, 수련활동 참여자 명단(유스호스텔의 경우는 숙박실 이용자 명단을 포함한다), 청소년지도사 및 직원명부, 시설물안전점검 기록대장, 현금출납부 및 그 밖의 경리관계 장부·서류, 등록관계 서류, 종사자 및 이용자에 대한 안전교육실시기록대장 등의 장부 및 서류를 비치하고 기록·유지하여야 한다.[133] 수련시설을 설치·운영하는 자 또는 위탁운영단체는 수련시설의 설치·운영과 관련하여 수련시설의 이용자에게 발생한 생명·신체상의 손해를 배상하기 위하여 보험에 가입하여야 한다.[134]

---

130) 청소년활동진흥법 제33조 제2항 각 호의 영업
131) 청소년활동진흥법 제18조 및 영 제10조 제2항 및 영 별표 1
132) 청소년활동진흥법 제35조
133) 청소년활동진흥법 제19조 및 시행규칙 제9조 및 시행규칙 별표 3
134) 청소년활동진흥법 제25조 제1항

2. 청소년이용시설

  수련시설이 아닌 시설로서 그 설치목적의 범위에서 청소년활동의 실시와 청소년의 건전한 이용 등에 제공할 수 있는 시설인 청소년이용시설[135]을 설치·운영하는 국가 또는 지방자치단체 그 밖의 공공기관 등은 그가 설치·운영하는 시설을 그 시설의 운영에 지장이 없는 범위에서 청소년활동에 제공하도록 하여야 한다. 이 경우 청소년활동을 위하여 제공되는 청소년이용시설이란「문화예술진흥법」의 규정에 의한 문화시설,「과학관육성법」의 규정에 의한 과학관,「체육시설의 설치·이용에 관한 법률」의 규정에 의한 체육시설,「평생교육법」에 따른 평생교육기관,「산림문화·휴양에 관한 법률」의 규정에 의한 자연휴양림,「수목원조성 및 진흥에 관한 법률」의 규정에 의한 수목원,「사회복지사업법」에 따른 사회복지관, 시민회관·어린이회관·공원·광장·고수부지 그 밖에 이와 유사한 공용시설로서 청소년활동 또는 청소년들이 이용하기에 적합한 시설, 그 밖에 다른 법령에 의하여 청소년활동과 관련되어 설치된 시설 등을 말한다. 시장·군수·구청장은 청소년이용시설 중 상시 또는 정기적으로 청소년의 이용에 제공할 수 있는 시설로서 청소년지도사를 배치한 시설에 대하여는 그 설치·운영자의 신청을 받아 청소년이용권장시설로 지정할 수 있으며, 이 경우 국가 또는 지방자치단체는 지정된 청소년이용권장시설에 대하여는 다른 청소년이용시설에 우선하여 예산의 범위 안에서 그 시설의 운영에 필요한 경비의 일부를 지원할 수 있다. 국가 또는 지방자치단체는 청소년이용시설을 설치·운영하는 개인·법인 또는 단체에 대하여 청소년활동프로그램의 제공 그 밖의 필요한 지원을 할 수 있으며, 예산의 범위 안에서 그 시설의 운영에 필요한 경비의 일부를 보조할 수 있다.[136]

---

135) 청소년활동진흥법 제10조 제2호
136) 청소년활동진흥법 제32조 및 영 제17조

제4절 청소년수련활동의 지원

국가 및 지방자치단체는 수련활동에 필요한 수련거리를 그 이용대상·연령·이용 장소 등을 종합적으로 고려하여 유형별로 균형 있게 개발·보급하여야 하며, 청소년의 발달원리와 선호도에 근거하여 수련거리를 전문적으로 개발하여야 한다.[137]

1. 청소년수련활동인증제도의 운영

국가는 수련활동이 청소년의 균형 있는 성장에 기여할 수 있도록 그 내용과 수준을 향상시키기 위하여 청소년수련활동인증제도를 운영하여야 하며, 청소년수련활동인증위원회(이하 이 장에서 "인증위원회"라 한다)를 청소년활동진흥원에 설치·운영하여야 한다. 인증위원회는 15인 이내의 위원으로 구성하며, 여성가족부와 교육과학기술부의 고위공무원단에 속하는 일반직공무원 또는 이에 상당하는 특정직공무원 중에서 해당 기관의 장이 각각 지명하는 사람, 청소년활동진흥원의 이사장, 그 밖에 청소년활동에 관한 지식과 경험이 풍부한 사람 중에서 여성가족부장관이 위촉하는 사람 등으로 하고, "위촉위원"의 임기는 3년으로 하되, 연임할 수 있다. 청소년수련활동인증위원회에는 위원장과 부위원장 각 1인을 두며 위원장과 부위원장은 위원 중에서 호선한다. 국가는 청소년활동진흥법[138]에 따라 인증을 받은 수련활동(인증수련활동)에 참여한 청소년의 활동기록을 유지·관리하고, 청소년이 요청할 경우에는 이를 제공하여야 한다. 국가 및 지방자치단체 또는 개인·법인·단체 등이 수련활동에 필요한 프로그램을 개발하여 실시하려는 때에는 인증위원

---

137) 청소년활동진흥법 제34조 제2항
138) 청소년활동진흥법 제36조

회에 그 인증을 신청할 수 있으며, 수련활동의 인증을 받으려는 자는 수련활동에 필요한 프로그램을 진행하는 활동의 장소·시기·목적·대상·내용·진행방법·평가·자원조달·청소년지도자 등에 관한 사항을 작성하여 참가자 모집 또는 활동실시 시작 60일 이전에 인증위원회에 인증을 요청하고 필요한 자료를 제출하여야 한다. 인증위원회는 수련활동의 인증을 요청받은 때에는 인증위원회에서 정하는 인증기준에 따라 심사하고, 인증을 요청한 자에게 그 결과를 통지하여야 하며, 인증수련활동의 유효기간은 인증받은 날로부터 4년으로 한다. 인증위원회는 수련활동인증심사의 효율성을 제고하기 위하여 청소년활동에 대한 전문적 지식과 경험을 가진 자로서 1급 또는 2급 청소년지도사 자격 소지자, 청소년활동분야에서 5년 이상의 실무경력이 있는 자 중에서 면접 등 절차를 거쳐 인증심사원을 선발한다. 인증심사원이 되고자 하는 자는 인증기준, 인증절차 등 인증심사와 관련된 내용을 중심으로 인증위원회가 실시하는 직무연수를 40시간 이상 받아야 하며, 인증심사원은 2년마다 20시간 이상의 직무연수를 이수하여야 한다.[139]

2. 한국청소년수련시설협회 및 지방청소년수련시설협회

수련시설을 설치·운영하는 자 및 위탁운영단체는 수련시설의 운영·발전을 위하여 여성가족부장관 인가를 받아 회원 수련시설이 행하는 사업과 활동에 대한 협력 및 지원, 청소년지도자의 연수·권익증진 및 교류사업, 수련활동의 활성화 및 수련시설의 안전에 관한 홍보 및 실천운동, 수련활동에 대한 조사·연구·지원 사업, 지방청소년수련시설협회에 대한 지원, 그 밖에 수련시설의 운영·발전을 위하여 필요하다고 여성가족부장관이 인정하는 사업을 하는 한국청소년수련시설협회를 설립할 수 있다. 한국청소년수련시설협회는

---

139) 청소년활동진흥법 제35조 내지 제38조 및 영 제19조 내지 23조 및 시행규칙 제15조 내지 제5조의 4

법인으로 하며 그 주된 사무소의 소재지에서 설립등기를 함으로써 성립한다. 국가는 예산의 범위에서 한국청소년수련시설협회의 운영경비의 전부 또는 일부를 지원할 수 있다. 한국청소년수련시설협회는 그 소관 사업 중 지방시설협회에 소속된 수련시설이 행하는 사업과 활동에 대한 협력 및 지원, 지방시설협회에 소속된 수련시설에서 종사하는 자의 연수·권익증진 및 교류사업, 지방시설협회에 소속된 수련시설의 수련활동의 활성화 및 수련시설의 안전에 관한 홍보 및 실천운동, 지방시설협회에 소속된 수련시설의 수련활동에 대한 조사·연구·지원 사업, 그 밖에 수련시설의 운영·발전을 위하여 필요하다고 여성가족부장관이 인정하는 지방시설협회 소관 사업 등에 대해서는 일부를 지방청소년수련시설협회에 위탁할 수 있다. 한국청소년수련시설협회에 관하여 청소년활동진흥법에 규정한 것을 제외하고는 민법 중 사단법인에 관한 규정을 준용한다. 특정 지역을 활동범위로 하는 청소년수련시설은 시설의 효율적인 운영·발전을 위하여 그 지역을 관할하는 시·도의 조례가 정하는 바에 의하여 시·도지사의 승인을 얻어 지방청소년수련시설협회를 구성할 수 있으며 지방자치단체는 예산의 범위 안에서 해당 지방청소년수련시설협회의 운영경비의 일부를 지원할 수 있다.[140]

3. 청소년수련지구의 지정

특별자치도지사·시장·군수·구청장은 청소년활동을 지원하기 위하여 필요한 경우에 명승고적지, 역사유적지 또는 자연경관이 수려한 지역으로서 청소년활동에 적합하고 이용이 편리한 지역을 청소년수련지구로 지정할 수 있다.[141]

---

140) 청소년활동진흥법 제39조 내지 제40조 및 영 제24조
141) 청소년활동진흥법 제47조 제1항

제5절 청소년교류활동의 지원

  국가 및 지방자치단체는 교류활동 진흥시책을 개발·시행하여야 하며 청소년활동시설과 청소년단체 등에 대하여 교류활동을 장려하기 위한 다양한 형태의 교류활동프로그램을 개발하여 운영하게 할 수 있고 예산의 범위에서 교류활동프로그램의 개발·운영에 필요한 경비의 전부 또는 일부를 지원할 수 있다. 국가 및 지방자치단체는 정부·지방자치단체·국제기구 또는 민간 등이 주관하는 국제청소년교류활동을 지원하기 위한 시행계획을 수립하고 이를 추진하여야 하며 이 경우 국가 및 지방자치단체는 국제청소년교류활동의 지원에 관한 시행계획의 수립·추진을 위하여 필요한 때에는 공공기관, 사회단체, 청소년단체 등의 장에게 사전 협의와 협조를 요청할 수 있고 국가 및 지방자치단체가 그 시행계획을 수립한 때에는 이를 관계 공공기관, 사회단체, 청소년단체 등에 통보하여야 한다. 또한 국가 및 지방자치단체는 민간기구가 국제청소년교류활동을 시행할 때에는 이를 지원할 수 있다. 그리고 국가는 다른 국가와 청소년교류협정을 체결하여 국제청소년교류활동이 지속적으로 발전할 수 있는 기반을 조성하여야 하며 이를 위하여 여성가족부장관은 외교통상부와 협의하여 청소년교류협정의 체결을 연차적으로 확대 및 다변화시켜야 한다. 지방자치단체는 자매도시협정을 체결하는 때에는 청소년의 교류활동에 관한 사항을 포함하도록 노력하여야 하며 청소년교류를 위하여 청소년단체 등 민간기구의 활동을 지원할 수 있다. 국가 및 지방자치단체는 교포청소년의 모국방문·문화체험 및 국내청소년과의 교류활동을 지원하고 장려하여야 하며 국가는 청소년단체 또는 청소년시설이 주관하는 교포청소년교류활동의 확대·발전을 위하여 행정적·재정적 지원을 할 수 있다. 국가 및 지방자치단체는 교류활동을 통한 성과가 지속되고 발전·향상되기 위한 시책을 강구하여야 한다. 국가는 청소년교류활동의 진흥, 국제청소년교류활동의 지원, 지방자치단체의 자매도시협정, 교포청소년교류활동의 지원, 청소년교류활동의 사후지원의 업무를 효율적으로 지원하기 위하여 청소년교류센터를 설치·운영할 수 있다. 국가는 남·북청소년교류에 관한 기본계획을 수립하고 남·북청소년이 교류할 수 있는 제도적 여건을 조성하여야 하며 남·북청소년교류를 위한 기반조성을 위하여 필요한 체계적인 통일교육을 실시할 수 있다.[142]

제6절 청소년문화활동의 지원

국가 및 지방자치단체는 문화활동프로그램개발, 문화시설 확충 등 문화활동에 대한 청소년의 참여기반을 조성하는 시책을 개발·시행하여야 하며, 그 시책을 수립·시행함에 있어서 문화예술 관련 단체·청소년동아리단체·봉사활동단체 등이 청소년문화활동진흥에 적극적이고 자발적으로 참여할 수 있도록 하여야 한다. 이 경우 국가 및 지방자치단체는 자발적 참여에 대하여는 예산의 범위에서 그 경비의 전부 또는 일부를 지원할 수 있다. 국가 및 지방자치단체는 다양한 영역에서 청소년의 문화활동이 활성화될 수 있도록 기반을 구축하여야 하며, 문화예술 관련 단체 등 각종 지역사회의 문화기관은 청소년의 문화활동기반 구축을 위해 적극 협력하여야 한다. 국가 및 지방자치단체는 전통문화가 청소년의 문화활동에 구현될 수 있도록 필요한 시책을 수립·시행하여야 하며 청소년축제를 장려하는 시책을 수립하여 시행하여야 한다. 국가 및 지방자치단체는 청소년이 자율적으로 참여하여 조직하고 운영하는 다양한 형태의 동아리활동을 적극 지원하여야 하며, 청소년활동시설은 이 동아리활동에 필요한 장소 및 장비 등을 제공하고 지원할 수 있다. 국가 및 지방자치단체는

---

142) 청소년활동진흥법 제53조 내지 제59조 및 영 제32조

청소년자원봉사활동을 활성화할 수 있는 기반을 조성하여야 한다.[143]

제7절 보칙

1. 조세의 감면 등

국가는 청소년활동진흥원·지방청소년활동진흥센터·청소년활동시설·시설협회 및 지방청소년수련시설협회 등에 대하여 조세특례제한법이 정하는 바에 의하여 조세를 감면 및 부가가치세법이 정하는 바에 따라 부가가치세를 감면할 수 있으며, 이들에게 출연 또는 기부된 재산에 대하여는 조세특례제한법이 정하는 바에 의하여 소득계산의 특례를 적용할 수 있고, 이들이 수입하는 청소년활동에 직접 사용되는 실험·실습·시청각기자재 그 밖의 필요한 용품에 대하여는 관세법이 정하는 바에 의하여 관세를 감면할 수 있다.[144]

2. 감독

국가 및 지방자치단체는 청소년활동진흥을 위하여 필요한 경우 활동진흥원·지방청소년활동진흥센터 및 청소년활동시설의 업무·회계 및 재산에 관한 사항을 보고하게 하거나 소속공무원으로 하여금 그 장부·서류 그 밖의 물건을 검사하게 할 수 있으며, 이 경우 검사를 하는 공무원은 그 권한을 표시하는 증표를 지니고 이를 관계인에게 내보여야 한다.[145]

---

143) 청소년활동진흥법 제60조 내지 제65조
144) 청소년활동진흥법 제66조
145) 청소년활동진흥법 제67조

3. 수수료

청소년활동진흥법의 규정에 의하여 수련시설의 설치허가를 신청하는 자, 수련시설의 등록을 신청하는 자(국가 또는 지방자치단체가 등록하는 경우를 제외한다), 조성계획의 승인을 신청하는 자는 <표 3-1>의 수수료를 납부하여야 하며, 수수료 중 수련지구 조성계획 승인에 따른 수수료는 당해 지방자치단체의 수입증지로 납부하여야 한다.[146)

<표 3-1> 청소년수련시설 설치 허가신청 등 수수료

구분	수수료액
1. 법 제11조 제3항의 규정에 의한 수련시설의 설치허가신청(변경허가신청의 경우를 포함한다)	
가. 청소년수련관 · 청소년수련원 · 유스호스텔 · 청소년특화시설	25,000원
나. 청소년야영장 · 청소년문화의집	17,000원
2. 법 제13조 제1항의 규정에 의한 수련시설의 등록신청(변경등록신청의 경우를 포함한다)	
가. 청소년수련관 · 청소년수련원 · 유스호스텔 · 청소년특화시설	22,000원
나. 청소년야영장 · 청소년문화의집	15,000원
3. 법 제48조 제2항의 규정에 의한 수련지구조성계획의 승인 신청	100,000원

청소년활동진흥법시행규칙 〈별표 4〉

4. 권한의 위임 · 위탁

여성가족부장관은 청소년활동진흥법에 의한 권한의 일부를 대통령령이 정하는 바에 의하여 시 · 도지사에게 위임하거나 청소년단체에 위탁할 수 있다.[147)

---

146) 청소년활동진흥법 제68조 및 시행규칙 제20조 제2항
147) 청소년활동진흥법 제69조

제8절 벌칙 및 과태료

1. 벌칙

2년 이하의 징역 2천만 원 이하의 벌금 "청소년육성에 필요한 정보 등의 종합적 관리 및 제공의 사업[148]에 종사하는 임직원 및 그 직에 있었던 사람이 직무상 알게 된 비밀을 누설한 자[149]"는 2년 이하의 징역 또는 2천만 원 이하의 벌금에 처한다.[150]

2년 이하의 징역 또는 1천만 원 이하의 징역 청소년활동진흥법[151]의 규정에 의한 허가를 받지 아니하고 수련시설을 설치·운영하거나 변경한 자, 청소년활동진흥법[152]의 규정에 의한 승인을 얻지 아니하고 조성계획을 시행한 자는 2년 이하의 징역 또는 1천만 원 이하의 벌금에 처한다.[153]

500만 원 이하의 벌금 청소년활동진흥법[154]의 규정에 의하여 허가 또는 등록의 취소를 받은 자로서 계속하여 당해 수련시설을 운영한 자는 1년 이하의 징역 또는 500만 원 이하의 벌금에 처한다.[155]

양벌규정 위의 벌칙은 법인의 대표자나 법인 또는 개인의 대리인, 사용인, 그 밖의 종업원이 그 법인 또는 개인의 업무에 관하여 위반행위를 하면 그 행위자를 벌하는 외에 그 법인 또는 개인에게도 해당 조문의 벌금형을 과(科)한다. 다만, 법인 또는 개인이 그 위반행위를 방지하기 위하여 해당 업무에 관하

---

148) 청소년활동진흥법 제6조 제1항 제2호의 사업
149) 청소년활동진흥법 제6조의5 제3항
150) 청소년활동진흥법 제70조 제1항
151) 청소년활동진흥법 제11조 제3항
152) 청소년활동진흥법 제48조 제2항
153) 청소년활동진흥법 제70조 제2항
154) 청소년활동진흥법 제22조
155) 청소년활동진흥법 제70조 제3항

여 상당한 주의와 감독을 게을리 하지 아니한 경우에는 그러하지 아니하다.[156]

2. 과태료

500만 원 이하의 과태료 ① 청소년활동진흥법[157]에 의한 한국청소년활동진흥원이 아닌 자가 한국청소년활동진흥원의 명칭을 사용하거나 또는 이와 유사한 명칭을 사용한 자,[158] ② “국가 및 지방자치단체는 청소년활동진흥을 위하여 필요한 경우 청소년활동진흥원·지방청소년활동진흥센터 및 청소년 활동시설의 업무·회계 및 재산에 관한 사항을 보고하게 하거나 소속공무원 으로 하여금 그 장부·서류 그 밖의 물건을 검사하게 할 수 있는데”[159] 이에 대한 보고를 하지 아니하거나 검사를 거브·방해 또는 기피한 자[160]에게는 500만 원 이하의 과태료를 부과한다.[161]

300만 원 이하의 과태료 ① 청소년활동진흥법[162]의 규정을 위반하여 등록 을 하지 아니하고 수련시설을 운영한 자,[163] ② 청소년활동진흥법[164]의 규정 에 따라서 수련시설을 설치·운영하는 자 또는 위탁운영단체가 동 법[165]에서 규정하고 있는 자격을 갖춘 자를 그 수련시설의 운영대표자로 선임하여야 하 는데 그 규정을 위반하여 자격을 갖춘 운영대표자를 선임하지 아니한 자,[166] ③ 청소년활동진흥법[167]에 따라 특별자치도지사·시장·군수·구청장은 수

---

156) 청소년활동진흥법 제71조
157) 청소년활동진흥법 제6조의8
158) 청소년활동진흥법 제72조 제1항
159) 청소년활동진흥법 제67조 제1항
160) 청소년활동진흥법 제72조 제2항
161) 청소년활동진흥법 제72조 제1항
162) 청소년활동진흥법 제13조 제1항
163) 청소년활동진흥법 제72조 제2항 제1호
164) 청소년활동진흥법 제14조 제1항
165) 청소년활동진흥법시행령 제8조 및 시행규칙 제7조
166) 청소년활동진흥법 제72조 제2항 제2호

련시설을 설치·운영하는 자 또는 위탁운영단체가 동 법 또는 동 법에 의한 명령을 위반하거나 당해 수련시설이 시설기준[168]·안전기준[169]·운영기준[170]에 미달한 경우에는 그 시정을 명할 수 있는데, 그 시정명령을 위반한 자,[171] ④ 수련시설을 설치·운영하는 자 또는 위탁운영단체가 정당한 사유 없이 청소년의 수련시설이용을 제한하는 행위[172]·청소년활동이 아닌 용도에 수련시설을 이용하는 행위[173]·수련시설을 청소년활동진흥법에 의한 등록·허가[174] 등을 받지 아니하고 운영하는 행위, ⑤ 보험에 가입하지 아니한 자,[175] ⑥ 신고를 하지 아니하고 수련시설을 휴지 또는 폐지한 자,[176] ⑦ 인증을 받지 아니하고 인증수련활동이나 수련활동의 인증 등 인증을 받았음을 나타내는 표시를 하거나 이와 유사한 표시를 한 자[177] 등은 300만 원 이하의 과태료에 처한다.[178] 위의 과태료는 <표 3-2>의 기준에 따라 여성가족부장관 또는 특별자치도지사·시장·군수·구청장이 부과·징수하며, 위반행위의 정도, 위반횟수, 위반행위의 동기와 그 결과 등을 고려하여 과태료 금액의 2분의 1의 범위에서 그 금액을 경감하거나 가중할 수 있다.[179]

---

167) 청소년활동진흥법 제20조
168) 청소년활동진흥법 제17조
169) 청소년활동진흥법 제18조
170) 청소년활동진흥법 제19조
171) 청소년활동진흥법 제72조 제2항 제3호
172) 청소년활동진흥법 제20조 제1호
173) 청소년활동진흥법 제20조 제2호 본문
174) 청소년활동진흥법 제21조
175) 청소년활동진흥법 제72조 제2항 제5호
176) 청소년활동진흥법 제72조 제2항 제6호
177) 청소년활동진흥법 제72조 제2항 제7호
178) 청소년활동진흥법 제67조 제2항
179) 청소년활동진흥법 제72조 제3항 및 영 제34조

<표 3-2> 청소년활동진흥법 위반행위의 종류별 과태료 금액

위반행위	해당 법조항	과태료 금액
1. 법 제67조 제1항의 규정에 의한 보고를 하지 아니하거나 검사를 거부, 방해 또는 기피한 경우	법 제72조 제1항	300만 원
2. 법 제13조 제1항의 규정에 위반하여 등록을 하지 아니하고 수련시설을 운영한 경우	법 제72조 제2항 제1호	200만 원
3. 법 제14조 제1항의 규정을 위반하여 운영대표자를 선임하지 아니한 경우(법 제16조 제3항의 규정에 의하여 준용되는 경우를 포함한다)	법 제72조 제2항 제2호	200만 원
4. 법 제20조의 규정에 의한 시정명령에 위반한 경우	법 제72조 제2항 제3호	200만 원
5. 법 제21조의 규정에 위반하여 동조 각호의 행위를 한 경우 가. 법 제21조 제1호의 기준에 위반하여 정당한 사유 없이 청소년의 수련시설 이용을 제한하는 행위를 한 경우 나. 법 제21조 제2호의 기준에 위반하여 청소년활동이 아닌 용도에 수련시설을 이용하는 행위를 한 경우 다. 법 제21조 제3호의 기준에 위반하여 수련시설을 이 법에 의한 등록·허가 등을 받지 아니한 자에게 운영하게 하는 행위를 한 경우	법 제72조 제2항 제4호	200만 원
6. 법 제25조 제1항의 규정에 위반하여 보험에 가입하지 아니한 경우	법 제72조 제2항 제5호	200만 원
7. 법 제27조 제1항의 규정에 의한 신고를 하지 아니하고 수련시설을 휴지·폐지한 경우	법 제72조 제2항 제6호	200만 원

청소년활동육성법시행령 〈별표 5〉

제4장 청소년복지지원법

제1절 서설

1. 제정 및 구성

청소년기본법에서 국가는 청소년들의 의식·태도·생활 등에 관한 사항을 정기적으로 조사하고 이를 개선하기 위하여 청소년의 복지향상정책을 수립·시행하여야 하며, 국가 및 지방자치단체는 기초생활의 보장, 직업재활훈련, 청소년활동지원 등의 시책을 추진함에 있어서 정신적·신체적·경제적·사회적으로 특별한 지원을 필요로 하는 청소년에 대하여 우선적 배려와 청소년의 삶의 질을 향상하기 위하여 구체적인 시책을 마련하여야 함을 명시하면서 이에 관하여 따로 법률로 하도록 규정하고 있다.[180] 이에 따라 청소년복지지원법은 청소년의 복지증진에 관한 사항을 정함을 목적[181]으로 2004년 2월 9일 제정되었다. 청소년복지지원법은 총 6개의 장 21개의 조문과 부칙으로 구성되어 있다. 제1장 총칙은 법의 목적, 용어의 정의, 제2장 청소년의 인권보장 및 복지향상에서는 청소년의 인권보장, 청소년의 자치권 확대, 청소년의 우대, 청소년증, 제3장 청소년의 건강보장에서는 건강한 심신의 보존, 체력검사와 건강진단, 진단결과의 분석, 진단결과의 공개금지, 제4장은 특별청소년의 지원에서는 특별지원청소년에 대한 지원, 특별청소년의 선정, 청소년쉼터의 설치·운영, 제5장 교육적 선도에서는 교육적 선도의 실시, 시설의 설치·운영, 사무의 위탁, 선도후견인, 제6장은 벌칙으로 되어 있다.

---

180) 청소년기본법 제49조

181) 청소년복지지원법 제1조

2. 용어의 해설

청소년복지지원법에서는 "청소년"을 따로 정한 규정이 없는 경우에는 청소년기본법에서 정하고 있는 9세 이상 24세 이하의 자로 정의하고 있다.[182] "청소년복지"란 청소년이 정상적인 삶을 영위할 수 있는 기본적인 여건을 조성하고 조화롭게 성장·발달할 수 있도록 제공되는 사회적·경제적 지원[183]으로 규정하고 있으며, 청소년의 조화로운 성장과 정상적인 생활에 필요한 기초적인 여건이 미비하여 사회적·경제적 지원이 필요한 청소년을 "특별지원청소년"으로 규정하면서 국민기초생활보장법 등 다른 법률의 적용을 받는 청소년을 제외하고 있고[184] "보호자"를 친권자, 법정대리인 및 사실상 청소년을 보호하는 자로 정하고 있다.[185]

제2절 청소년의 인권보장 및 복지향상

청소년은 인종·종교·성·연령·학력·신체조건 등 여타의 조건에 의하여 이 법이 정한 규정을 적용함에 있어서 차별을 받아서는 아니 되며, 청소년은 외부적 영향에 구애받지 아니하면서 자기 의사를 자유롭게 표명하고 스스로 결정할 권리를 가진다. 국가 및 지방자치단체는 청소년에 대한 차별의 금지 등 청소년의 인권보장을 위하여 이에 관한 실태조사를 할 수 있다. 청소년은 사회의 정당한 구성원으로서 본인과 관련된 의사결정에 참여할 권리를 가지며, 이를 위하여 가정 및 사회는 적절한 노력을 강구하여야 한다. 국가 및

---

182) 청소년복지지원법 제2조 제1호
183) 청소년복지지원법 제2조 제2호; 청소년기본법 제3조 제4호 준용
184) 청소년복지지원법 제2조 제3호
185) 청소년복지지원법 제2조 제4호

지방자치단체는 청소년이 원활하게 정보에 접근하고 그 의사를 표명할 수 있
도록 하기 위하여 청소년 관련 정책의 자문·심의 등의 절차에 청소년의 대
표를 참여시키거나 그 의견을 수렴하여야 하며 청소년과 관련된 정책수립절
차에 청소년의 참여 또는 의견수렴을 보장하는 조치를 시행하여야 한다. 국
가 및 지방자치단체는 청소년복지지원법 및 아동의권리에관한협약에서 규정
한 청소년의 권리와 관련된 내용을 널리 홍보하여야 하며 이와 관련하여 청
소년관련 기관·단체에서는 청소년을 대상으로 청소년의 권리에 관한 교육
적 조치를 시행하여야 한다. 국가 또는 지방자치단체는 청소년에 대하여 국
가 또는 지방자치단체가 운영하는 수송시설, 궁·능, 박물관, 공원, 공연장 등
의 시설의 이용료를 면제 또는 할인할 수 있다. 국가 또는 지방자치단체는 국
가 또는 지방자치단체의 보조를 받는 자, 관계법령에 따라 세제상의 혜택을
받는 자, 국가 또는 지방자치단체로부터 위탁을 받아 업무를 수행하는 자가
청소년의 일상생활에 관련된 시설을 운영하는 경우 청소년에 대하여 당해 시
설의 이용료를 할인하여 주도록 권고할 수 있다. 청소년이 이러한 이용료의
면제 또는 할인을 받고자 하는 때에는 이용하고자 하는 시설의 관리자에게
학생증, 주민등록증, 청소년증, 그 박에 연령을 확인할 수 있는 증빙자료를 제
시하여야 한다. 시장·군수·구청장(자치구의 구청장)은 9세 이상 18세 이하
의 청소년에 대하여 청소년증을 발급할 수 있다. 청소년증은 이를 다른 사람
에게 양도하거나 대여하여서는 아니 되며 누구든지 청소년증과 동일한 명칭
또는 표시의 증표를 사용하여서는 아니 된다.[186)]

---

186) 청소년복지지원법 제3조 내지 제7조 및 영 제2조

제3절 청소년의 건강보장

　국가 및 지방자치단체, 청소년의 보호자 등은 청소년의 건강증진과 체력향상을 위하여 최선의 노력을 하여야 하며 청소년의 건강증진 및 체력향상을 위한 예방·교육 등의 필요한 시책을 강구하여야 하고 관련 기관과 협의하여 청소년의 건강·체력기준을 설정하여 보급할 수 있다. 국가 및 지방자치단체는 청소년의 건강증진과 체력향상을 위한 시책으로서 청소년이 참가하는 체육대회를 장려하고 청소년 스포츠 동호인 활동을 적극 지원하여야 하며 이와 관련된 체육대회를 개최하는 단체 또는 동호인 활동을 지원하는 단체에 대하여 예산의 범위 안에서 개최 또는 활동지원에 따르는 경비를 보조할 수 있다. 청소년의 건강·체력기준의 설정 및 보급은 여성가족부장관이 실시하되, 필요한 때에는 전문연구기관에 그 업무를 위탁할 수 있으며 청소년의 건강·체력기준을 청소년의 성장환경을 고려하여 매 5년의 범위 내에서 다시 설정하여야 한다. 국가 및 지방자치단체는 다른 법률의 규정에 의하여 체력검사 등을 실시하는 청소년을 제외하고 청소년의 체력검사와 건강진단을 실시할 수 있으며 이 경우의 체력검사와 건강진단은 9세 이상 18세 이하의 비취학 청소년을 우선 대상으로 한다. 청소년의 체력검사와 건강진단은 여성가족부장관이 설정한 청소년의 건강·체력기준 및 「국민건강보험법 시행령」의 규정[187)]에 의한 건강검진의 검사항목·방법에 따른다. 여성가족부장관, 특별시장·광역시장·도지사(시·도지사) 및 시장·군수·구청장(자치구의 구청장)은 체력검사와 건강진단을 실시하는 경우 실시기간·장소·신청절차 등 구체적인 실시계획을 공고하여야 하며, 청소년 체력검사와 건강진단의 공고가 있는 경우 청소년 본인, 보호자 또는 청소년상담사 등 관계인은 공고된 실시계획에 따라 여성가족부장관, 시·도지사 및 시장·군수·구청장에게 체력검사와

---

187) 국민건강보험법 제26조 제8항의 규정

건강진단을 신청할 수 있고, 여성가족부장관, 시·도지사 및 시장·군수·구청장 등은 체력검사와 건강진단의 신청을 받은 때에는 신청일부터 30일 이내에 해당 청소년의 취학 여부 등을 조사·확인한 후 그 실시 여부를 결정하고, 이를 신청인에게 통보하여야 한다. 여성가족부장관, 시·도지사 및 시장·군수·구청장 등은 체력검사와 건강검진을 실시한 후 30일 이내에 그 결과를 청소년 본인 및 신청인에게 통보하여야 하며, 체력검사와 건강검진을 실시한 결과 질병의 치료 등이 필요한 청소년에 대하여는 적절한 조치를 하여야 하고, 건강진단을 한 자 또는 건강진단기관에 근무하는 자는 청소년의 건강증진사업의 수행을 위하여 불가피한 경우를 제외하고는 진단결과를 공개하여서는 아니 된다.[188]

제4절 특별지원청소년의 지원

1. 지원내용

국가 및 지방자치단체는 다른 법률에 의하여 지원되는 사항을 제외하고, 특별지원청소년에 대하여 기초적인 생활지원·학업지원·의료지원·직업훈련지원·청소년활동지원 등 필요한 지원 대책을 강구하여야 한다. 특별지원청소년에 대한 지원은 기초생계비, 요양급여 비용, 학습비, 구직훈련비 및 기타 활동비로서 금전 또는 이에 상당하는 물품·용역으로 한다. ① 기초생계비는 일상생활을 유지하기 위하여 필요한 의·식·주 등 기초생계비이며 ② 요양급여비용은 청소년이 질병·부상 등으로 인하여 소요되는 요양급여 비용으로서 진찰·검사, 약제·치료재료의 지급, 처치·수술과 그 밖의 치료,

---

188) 청소년복지지원법 제8조 내지 제11조 및 영 제3조 내지 제5조

예방·재활, 입원, 간호, 이송과 그 밖의 의료목적의 달성을 위한 조치에 소요되는 요양급여비용을 말한다. ③ 학습비는 「학원의 설립·운영 및 과외교습에 관한 법률」의 규정에 의한 학원에서 계속적인 학업을 수행하기 위하여 필요한 학습비이며, ④ 구직훈련비는 구직을 위한 지식·기술·기능이나 능력을 함양하기 위하여 필요한 훈련비이고, ⑤ 기타 활동비란 그 밖에 청소년활동 등 건전한 성장을 위하여 필요한 활동비를 말한다. 이상의 지원범위와 내용 중 ① 「초·중등교육법」규정[189]에 의한 학교에서 학업을 중단한 자로서 보호자가 있거나 실질적으로 보호자의 보호를 받고 있는 청소년과, ② 교육적 선도 대상자[190] 중에서 비행예방을 위하여 지원이 필요한 자로서 보호자가 있거나 실질적으로 보호자의 보호를 받고 있는 청소년의 경우에는 기초생계비와 요양급여 비용을 지원하지 아니한다. 특별지원청소년에 대한 지원은 「국민기초생활 보장법」 등 다른 법령에서 지원하는 수준을 초과할 수 없으며, 지원내용에 따른 구체적인 금액은 여성가족부장관이 따로 정하여 고시한다. 특별지원청소년에 대한 지원기간은 1년 이내로 하되 필요한 경우 연장할 수 있으며 한 번에 연장할 수 있는 기간은 1년을 초과할 수 없다. 그러나 학습비와 구직훈련비는 그 지원기간을 합한 기간이 3년을 초과하지 아니하는 범위에서 지원할 수 있다.[191]

2. 특별지원청소년의 선정 등

특별지원청소년의 선정 대상은 ① 보호자가 없거나, ② 실질적으로 보호자의 보호를 받지 못하는 청소년, ③ 초·중·고등학교[192]에서 학업을 중단한

---

189) 초·중등교육법 제2조의 규정에 의한 학교; 초, 중, 고등학교
190) 청소년복지지원법 제15조 제1항
191) 청소년복지지원법 제12조 및 영 제6조 및 시행규칙 제7조
192) 「초·중등교육법」 제2조의 규정에 의한 학교

청소년, ④ 교육적 선도 대상자[193) 중에서 비행예방을 위하여 지원이 필요한 청소년으로 한다. 특별지원청소년의 선정 기준은 대상 청소년 중에서 ① 9세 이상 18세 이하일 것, ② 청소년이 속한 가구의 소득인정액[194)이 기초생계비 및 요양급여비용의 지원대상은 「국민기초생활 보장법」의 최저생계비[195)의 100분의 150 미만·학습비 및 구직훈련비 그리고 기타 활동비의 지원대상은 「국민기초생활 보장법」의 최저생계비[196)의 100분의 180 미만이어야 한다. 특별청소년에 대한 지원신청은 청소년 본인 또는 보호자, 청소년상담사, 청소년지도사, 사회복지사 및 그 밖의 관계인이 관할 시장·군수·구청장에게 신청할 수 있으며, 시장·군수·구청장은 소속공무원으로 하여금 관할구역 내에 거주하는 청소년을 조사하여 관련 규정에 의한 지원을 신청하게 할 수 있다. 시장·군수·구청장은 특별지원청소년 지원 신청을 받은 때에는 소속공무원의 조사·상담과 특별지원청소년 심의위원회의 심의를 거쳐, 신청일부터 30일 이내에 그 지원 여부와 지원내용 등을 결정하여야 하지만, 조사·상담을 위하여 특별한 사정이 있는 경우에는 14일의 범위 내에서 그 기간을 연장할 수 있다. 시장·군수·구청장은 특별지원청소년에 대한 지원을 결정한 때 및 특별지원청소년 선정업무를 위탁받은 단체의 장으로부터 특별지원청소년 선정을 통보를 받은 때에는 그 결정의 요지, 지원내용·금액 및 지원기간 등을 서면으로 청소년 본인, 보호자 및 신청인에게 통보하여야 한다.[197)

---

193) 청소년복지지원법시행령 제15조 제1항
194) 「국민기초생활 보장법」 제2조 제8호 및 제9호의 규정에 의한 개별가구의 소득평가액과 재산의 소득환산액을 합산한 금액을 말한다.
195) 국민기초생활 보장법 제6조에 따른 최저생계비
196) 국민기초생활 보장법 제6조에 따른 최저생계비
197) 청소년복지지원법 제13조 및 영 제7조 내지 제9조 및 제11조 및 시행규칙 제8조 내지 제9조

3. 특별지원청소년심의위원회

특별지원청소년의 선정 및 지원에 관한 사항을 심의하기 위하여 시장·군수·구청장 소속하에 특별지원청소년심의위원회를 둔다. 특별지원청소년심의위원회는 위원장 1인을 포함한 10인 이내의 위원으로 구성하며, 위원장은 시장·군수·구청장이 되고, 필요한 경우에는 소속공무원으로 하여금 그 직무를 대행하게 할 수 있다. 특별지원청소년심의위원회의 위원은 지명위원과 위촉위원으로 구성되는데, 지명위원은 시·군·구 소속 공무원 중에서 시장·군수·구청장이 지명하는 자로 하고, 위촉위원은 지역교육청 또는 지방고용노동관서에 소속된 공무원으로서 청소년 관련 업무를 담당하거나 하였던 자·「고등교육법」의 규정[198)에 의한 학교에서 조교수 이상 또는 이에 상당하는 직에 있거나 있었던 자로서 청소년분야에 학식과 경험이 풍부한 자·변호사 및 의사 또는 교사의 자격이 있는 자로서 청소년분야에 학식과 경험이 풍부한 자·청소년상담사 및 청소년지도사 또는 사회복지사의 자격이 있는 자·청소년단체에서 청소년활동을 3년 이상 전문적으로 담당하거나 하였던 자·그 밖에 청소년분야에 전문지식이 있다고 위원장이 인정한 자 중에서 시장·군수·구청장이 위촉하는 자로 하며, 위촉위원의 임기는 2년으로 하되 연임할 수 있다. 그 밖에 심의위원회의 구성·운영 등에 관하여 필요한 사항은 시·군·구 조례로 정한다. 국가 및 지방자치단체는 특별지원청소년 선정업무를 한국청소년상담원, 시·도의 청소년상담 및 긴급구조 기관, 시·군·구의 청소년지원 기관 등에 위탁할 수 있다.[199)

---

198) 고등교육법 제2조 (학교의 종류) 고등교육을 실시하기 위하여 다음 각 호의 학교를 둔다. 1. 대학 2. 산업대학 3. 교육대학 4. 전문대학 5. 방송대학·통신대학·방송통신대학 및 사이버대학(이하 "원격대학"이라 한다) 6. 기술대학 7. 각종학교

199) 청소년복지지원법 제13조 제2항 전단 및 영 제10조 및 영 제12조

4. 청소년쉼터

　국가 및 지방자치단체는 가출청소년의 일시적인 생활지원과 선도, 가정·사회로의 복귀를 지원하기 위하여 청소년쉼터를 설치·운영할 수 있다. 청소년쉼터는 가출청소년의 일시적인 생활지원과 선도 및 가정·사회로의 복귀를 지원하기 위하여 가출청소년의 일시보호 및 숙식제공, 가출청소년의 상담·선도·수련활동, 가출청소년의 학업 및 직업훈련 지원활동, 청소년의 가출예방을 위한 거리상담활동, 그 밖에 청소년복지지원에 관한 사업을 수행한다. 국가 및 지방자치단체는 청소년쉼터를 설치·운영하는 경우 설치 기준에 적합한 시설과 전문 인력을 확보·유지하도록 노력하여야 하며, 청소년쉼터의 설치기준은 숙식 시설(침실·식당 및 욕실을 포함한다), 단체활동실 1개소, 상담실 1개소, 사무실 1개를 갖추어야 하고,[200] 청소년쉼터의 전문 인력 기준은 청소년지도사, 청소년상담사 및 사회복지사중 2명 이상을 확보·유지하여야 한다. 국가 및 지방자치단체는 예산의 범위에서 청소년쉼터의 설치·운영 및 활동에 소요되는 경비의 전부 또는 일부를 지원할 수 있다. 청소년쉼터의 설치자 또는 운영자는 청소년쉼터에서 보호를 받고 있는 청소년의 생명·신체에 관한 손해를 배상할 것을 내용으로 하는 보험에 가입하여야 하며 보험금액은 청소년보호법에서 정하고 있는 기준금액[201] 이상의 것이어야 한다. 다만, 지급 보험금액은 실손해액으로 하되 사망의 경우 실손해액이 2천만 원 미만인 경우에는 2천만 원으로 한다.[202]

---

200) 청소년복지지원법시행규칙 제13조 제1항
201) 청소년활동진흥법시행령 제13조 제2항의 규정 준용
202) 청소년복지지원법 제14조 및 영 제13조 내지 제14조 및 시항규칙 제3조

제5절 교육적 선도

1. 교육적 선도의 실시 등

국가 및 지방자치단체는 청소년 본인, 당해 청소년의 보호자 또는 학교의 장의 신청에 의하여 당해 청소년에 대한 교육적 선도를 실시할 수 있으며 당해 청소년의 보호자 또는 학교의 장의 신청에 의하여 선도를 실시하는 경우에는 반드시 청소년 본인의 동의를 얻어야 한다. 교육적 선도대상자의 선정은 9세 이상 18세 이하의 자로서 일상생활에 적응하지 못하여 비행·일탈을 저지른 청소년, 일상생활에 적응하지 못하여 전문가의 상담 등 가정 또는 학교 외부의 교육적 도움이 필요한 청소년으로 한다. 시장·군수·구청장은 선도신청을 받은 때에는 기본적인 조사를 실시하고 선도가 필요하다고 인정되는 때에는 전문적인 조사·상담을 실시한 후 청소년선도심의위원회의 심의를 거쳐 신청일부터 30일 이내에 선도실시 여부, 선도내용 및 선도 기간 등을 결정하여야 한다. 다만, 조사·상담을 위하여 특별한 사정이 있는 경우에는 14일의 범위 내에서 그 기간을 연장할 수 있다. 시장·군수·구청장은 청소년에 대한 선도를 결정하는 때에는 그 결정의 요지, 선도내용 및 선도 기간 등을 서면으로 청소년본인, 보호자 및 학교의 장에게 각각 통보하여야 하며, 학교의 장에 대한 통보는 청소년 본인 또는 보호자가 원하지 아니하는 때에는 하지 아니한다. 교육적 선도는 청소년상담사 등 전문가를 통한 상담과 교육·자원봉사·수련·체육·단체 활동 등으로 하며 그 기간은 6월 이내로 한다. 국가 및 지방자치단체는 선도결과를 분석하여 선도의 종료 또는 연장 여부를 결정하여야 하며 선도 기간을 연장하는 경우에는 6월의 기간 이내에서 1회에 한하여 그 기간을 연장할 수 있으나 반드시 청소년 본인의 동의를 얻어야 한다.[203]

2. 청소년선도심의위원회

시장·군수·구청장 소속하에 위원장 1인을 포함하여 10인 이내의 위원으로 청소년선도심의위원회를 설치한다. 청소년선도심의위원회의 위원장은 시장·군수·구청장이 되고 부득이한 경우 소속 공무원으로서 선도위원회의 위원인 자로 하여금 그 직무를 대행하게 할 수 있다. 청소년선도심의위원회의 위원은 시·군·구(자치구) 소속 공무원 중에서 시장·군수·구청장이 지명하는 자와 지역교육청에 소속된 공무원으로서 청소년관련 업무를 담당하거나 하였던 자·「고등교육법」204)의 규정에 의한 학교에서 조교수 이상 또는 이에 상당하는 직에 있거나 있었던 자로서 청소년분야에 학식과 경험이 풍부한 자·변호사 및 의사 또는 교사의 자격이 있는 자로서 청소년분야에 학식과 경험이 풍부한 자·청소년지도사 및 청소년상담사 또는 사회복지사의 자격이 있는 자·청소년단체에서 청소년활동을 3년 이상 전문적으로 담당하거나 하였던 자·그 밖에 청소년분야에 전문지식이 있다고 위원장이 인정한 자 중에서 시장·군수·구청장이 위촉하는 자로 하며 위촉위원의 임기는 2년으로 하되 연임할 수 있다.205) 국가 및 지방자치단체는 교육적 선도의 사무를 한국청소년상담원, 시·도의 청소년상담 및 긴급구조 기관, 시·군·구의 청소년지원 기관, 여성가족부장관이 인정하는 청소년활동·청소년복지·청소년보호를 주요사업으로 하는 단체 등에 위탁할 수 있다.206)

3. 선도후견인

국가 및 지방자치단체 또는 교육적 선도의 사무를 위탁받은 단체는 선도대

---

203) 청소년복지지원법 제15조 및 영 제15조 내지 제13조 및 시행규칙 제14조
204) 고등교육법 제2조 각 호
205) 청소년복지지원법시행규칙 제15조
206) 청소년복지지원법 제17조

상청소년 개인별로 선도후견인을 지정하여 운영할 수 있으며 선도후견인은 청소년지도자 및 청소년지도위원으로 위촉한다.

선도후견인은 선도대상 청소년에 대한 상담 및 지원, 선도대상 청소년의 선도내용 변경, 선도 기간 종료 및 연장에 관한 의견제출, 그 밖에 선도대상 청소년의 건강한 성장을 위한 조언 등의 임무를 수행하며 선도후견인에 대하여는 예산의 범위 안에서 수당과 활동에 필요한 경비를 지원할 수 있다.[207]

제6절 벌칙 및 과태료

1. 벌칙

1년 이하의 징역 또는 1천만 원 이하의 벌금 청소년복지지원법의 규정에 따라 실시한 청소년의 건강진단결과에 대한 공개금지 의무[208]를 위반한 자는 1년 이하의 징역 또는 1천만 원 이하의 벌금에 처한다.[209]

양벌 규정 법인의 대표자나 법인 또는 개인의 대리인, 사용인, 그 밖의 종업원이 그 법인 또는 개인의 업무에 관하여 청소년의 건강진단결과 공개금지 의무의 위반행위를 하면 그 행위자를 벌하는 외에 그 법인 또는 개인에게도 해당 조문의 벌금형을 과(科)한다. 다만, 법인 또는 개인이 그 위반행위를 방지하기 위하여 해당 업무에 관하여 상당한 주의와 감독을 게을리 하지 아니한 경우에는 그러하지 아니하다.[210]

---

207) 청소년복지지원법 제18조 및 영 제21조
208) 청소년복지지원법 제11조
　　건강진단을 한 자 또는 건강진단기관에 근무하는 자는 청소년의 건강 증진사업의 수행을 위하여 불가피한 경우를 제외하고는 진단결과를 공개하여서는 아니 된다.
209) 청소년복지지원법 제19조
210) 청소년복지지원법 제20조

2. 과태료

50만 원 이하의 과태료 청소년복지지원법의 규정을 위반하여 청소년증을 대여·양도한 자 또는 대여·양도받은 자와 청소년증과 동일한 명칭 또는 표시의 증표를 사용한 자는 50만 원 이하의 과태료에 처한다.[211) 212)] 과태료를 부과하고자 하는 때에는 시장·군수·구청장은 당해 위반행위를 조사·확인한 후 위반사실과 과태료의 금액 등을 서면으로 명시하여 과태료 처분대상자에게 통지하여야 하며 이 경우 시장·군수·구청장은 10일 이상의 기간을 정하여 과태료처분대상자에게 구두 또는 서면에 의한 의견진술의 기회를 주어야 하고, 지정된 기일까지 의견진술이 없는 때에는 의견이 없는 것으로 본다. 그리고 시장·군수·구청장은 과태료의 금액을 정함에 있어서 당해 위반행위의 동기와 그 결과 등을 참작하여야 한다. 과태료의 징수절차에 관하여는 「국고금관리법 시행규칙」을 준용한다. 이 경우 납입고지서에는 이의신청방법 및 이의신청기간을 함께 적어 넣어야 한다. 과태료처분에 불복이 있는 자는 그 처분의 고지를 받은 날부터 30일 이내에 당해 시장·군수·구청장에게 이의를 제기할 수 있으며, 이 경우 이의 제기를 접수한 당해 시장·군수·구청장은 지체 없이 관할법원에 그 사실을 통보하여야 하며, 그 통보를 받은 관할법원은 비송사건절차법에 의한 과태료의 재판을 한다. 과태료처분을 받은 자가 이의 제기 기간 이내에 이의를 제기하지 아니하고 과태료를 납부하지 아니한 때에는 국세 또는 지방세체납처분의 예에 의하여 이를 징수한다.[213)]

---

211) 청소년복지지원법 제7조 제2항 또는 제3항 위반

212) 청소년복지지원법 제21조 제1항

213) 청소년복지지원법 제21조

제5장 청소년보호법

제1절 서설

1. 제정 및 구성

청소년기본법에서 국가 및 지방자치단체는 청소년에게 유해한 매체물과 약물 등이 유통되지 아니하도록 하여야 하며 청소년이 유해한 업소에 출입하거나 고용되지 아니하도록 하여야 하고 청소년을 폭력·학대·성매매 등 유해한 행위로부터 보호·구제하여야 함을 규정하면서 청소년에게 유해한 매체물·약물·업소·행위 등의 규제에 관하여는 따로 법률로 정하도록 명시하고 있다. 이에 따라 청소년보호법은 1997. 3. 7. 청소년에게 유해한 매체물과 약물 등이 청소년에게 유통되는 것과 청소년이 유해한 업소에 출입하는 것 등을 규제하고 청소년을 청소년폭력·학대 등 청소년유해행위를 포함한 각종 유해한 환경으로부터 보호·구제함으로써 청소년이 건전한 인격체로 성장할 수 있도록 함을 목적으로 제정되었다.[214] 청소년보호법은 청소년유해환경의 규제에 관한 형사처벌에 있어서 다른 법률에 우선하여 적용한다.[215] 청소년보호법은 7개의 장 56개의 조문과 부칙으로 구성되어 있으며 제1장 총칙에는 법의 목적, 용어의 정의, 청소년 보호에 관하여 가정의 역할과 책임·사회의 책임·국가와 지방자체단체의 책임, 청소년보호법과 다른 법률과의 관계, 제2장 청소년유해매체물의 청소년대상 유통규제에서는 매체물의 범위, 청소년유해매체물의 심의·결정, 등급구분 청소년유해매체물의 심의기준과 심의내용의 조정, 청소년유해매체물의 결정에 대한 재심의, 유해매체물의 자율규제, 청소년유해매체물의 표시의무·포장의무·표시 및 포장의 훼손금지·판매금지·구분 및 격리·방송시간제한·광고 선전 제한, 청소년유해매체

---

214) 청소년보호법 제1조
215) 청소년보호법 제6조

물목록표의 작성·통보, 청소년유해매체물의 고시, 청소년유해매체물의 결정 취소 등, 외국매체물에 대한 특례, 제2장의 청소년의 인터넷게임 중독 예방에서는 심야시간대의 인터넷게임 제공시간 제한, 인터넷게임 중독 등의 피해 청소년지원, 제3장 청소년유해업소, 청소년유해약물 및 청소년유해행위 등의 규제에서는 청소년 고용금지 및 출입제한, 청소년통행금지·제한구역지정, 청소년유해약물 등으로부터 청소년보호, 청소년유해행위 금지, 청소년대상 무효인 채권, 제4장 청소년보호위원회 등에서는 청소년보호위원회 설치 및 구성과 운영, 청소년보호센터 등, 제5장 보칙에서는 보고, 검사 및 조사, 수거·파기, 시정명령, 이유의 명시, 관계행정관 장의 협조, 증표교부, 유해매체물의 신고, 선도·보호조치 대상 청소년의 통보, 권한의 위탁, 지방청소년사무소의 설치, 벌칙적용에 있어서 공무원 의제, 과징금, 제6장 벌칙에는 벌칙 규정과 양벌규정 및 과태료 등이 규정되어 있다.

2. 용어의 해설

청소년보호법에서 "청소년"이란 만 19세 미만의 자이며, 만 19세에 도달하는 해의 1월 1일을 맞이한 자를 제외한다. 청소년보호법에서 적용되는 매체물은 청소년보호법에서 매체물이라 함은 ①「영화 및 비디오물의 진흥에 관한 법률」의 규정에 의한 비디오물과「게임산업진흥에 관한 법률」에 의한 게임물 및「음악산업진흥에 관한 법률」에 의한 음반, ②「공연법」및「영화 및 비디오물의 진흥에 관한 법률」의 규정에 의한 영화·연극·음악·무용, 기타 오락적 관람물, ③「전기통신사업법」및「전기통신기본법」의 규정에 의한 전기통신을 통한 부호·문언·음향 또는 영상정보, ④「방송법」의 규정에 의한 방송프로그램. 다만, 보도방송프로그램을 제외한다. ⑤「신문 등의 진흥에 관한 법률」에 따른 일반일간신문(주로 정치·경제·사회에 관한 보도·논평 및 여론을 전파하는 신문을 제외한다)·특수일간신문(경제·산업·과학·종교분야를 제외한다)·일반주간신문(정치·경제 분야를 제외한다)·특수주간신문(경제·산업·과학·시사·종교분야를 제외한다)·「잡지 등 정기간행물의 진흥에 관한 법률」에 따른 잡지(정치·경제·산업·과학·시사·종교분야를 제외한다) 및 그 밖의 간행물(이하 "정기간행물 등"이라 한다)과 정기간행물 이외의 간행물 중 만화·사진첩·화보류·소설 등의 도서류, 전자출판물, 그 밖의 대통령령으로 정하는 것, ⑥「옥외광고물 등 관리법」의 규정에 의한 간판·입간판·벽보·전단 기타 이와 유사한 상업적 광고 선전과 위 ① 내지 ⑤의 각종 매체물에 수록·게재·전시, 기타 방법으로 포함된 상업적 광고 선전, ⑥ 기타 청소년의 정신적·신체적 건강을 해칠 우려가 있다고 인정되는 것으로서 대통령령이 정하는 매체물을 말한다. 청소년유해매체물이란 청소년보호위원회가 청소년에게 유해한 것으로 결정하거나 확인하여 여성가족부장관이 이를 고시한 매체물, 다른 법령의 규정에 의하여 당해 매체물의 윤리성·건전성의 심의를 할 수 있는 기관(각 심의기관)이 매체물에 대하여 청소년에게 유해한 것으로 의결 또는 결정하여 여성가족부장관이 고시한 매체물·자율규제 매체물에 대하여 유해한 것으로 확인하여 여성가족부장관이 이를 고시한 매체물을 말한다. 청소년보호법에서 "유해약물 등"이란 청소년에게 유해한 것으로 인정되는 청소년유해약물과 청소년유해물건을 말하며, 청소년유해약물이란, 「주세법」의 규정에 의한 주류·「담배사업법」의 규정에 의한 담배·「마약류관리에 관한 법률」의 규정에 의한 마약류·「유해화학물질 관리법」의 규정에 의한 환각물질·기타 중추신경에 작용하여 습관성, 중독성, 내성 등을 유발하여 인체에 유해 작용을 미칠 수 있는 약물 등 청소년의 사용을 제한하지 아니하면 청소년의 심신을 심각하게 훼손할 우려가 있는 약물로서 대통령령이 정하는 기준에 따라 관계 기관의 의견을 들어 청소년보호위원회가 결정하고 여성가족부장관이 이를 고시한 것을 말하고, 청소년유

해물건이란 청소년에게 음란한 행위를 조장하는 성기구 등 청소년의 사용을
제한하지 아니하면 청소년의 심신을 심각하게 훼손할 우려가 있는 성 관련
물건으로서 대통령령이 정하는 기준에 따라 청소년보호위원회가 결정하고
여성가족부장관이 이를 고시한 것과 청소년에게 음란성·포악성·잔인성·
사행성 등을 조장하는 완구류 등 청소년의 사용을 제한하지 아니하면 청소년
의 심신을 심각하게 훼손할 우려가 있는 물건으로서 대통령령이 정하는 기준
에 따라 청소년보호위원회가 결정하고 여성가족부장관이 이를 고시한 것을
말한다. "청소년유해업소"라 함은 청소년의 출입과 고용이 청소년에게 유해
한 것으로 인정되는 "청소년출입·고용금지업소"와 청소년의 출입은 가능하
나 고용은 유해한 것으로 인정되는 "청소년고용금지업소"를 말하며, 이 경우
업소의 구분은 그 업소가 영업을 함에 있어서 다른 법령에 의하여 요구되는
허가·인가·등록·신고 등의 여부에 불구하고 실제로 이루어지고 있는 영
업행위를 기준으로 한다. 청소년출입·고용금지업소란 「식품위생법」에 의한
식품접객업 중 유흥주점영업 및 단란주점영업, 「영화 및 비디오물의 진흥에
관한 법률」에 의한 비디오물감상실업 및 「음악산업진흥에 관한 법률」에 의한
노래연습장업(다만, 청소년실을 갖춘 노래연습장업의 경우에는 당해 청소년
실에 한하여 청소년의 출입을 허용한다.), 「체육시설의 설치·이용에 관한 법
률」에 의한 무도학원업, 무도장업, 「사행행위 등 규제 및 처벌특례법」에 의한
사행행위영업, 전기통신설비를 갖추고 불특정한 사람 상호 간의 음성대화 또
는 화상대화를 매개하는 것을 주된 목적으로 하는 영업(다만, 「전기통신사업
법」 등 다른 법률의 규정에 의하여 통신을 매개하는 영업은 제외한다), 청소
년유해매체물과 청소년유해약물 및 청소년유해물건을 제작·생산·유통하
는 영업 등 청소년의 출입과 고용이 청소년에게 유해하다고 인정되는 영업으
로서 대통령이 정하는 기준에 따라 청소년보호위원회가 결정하고 여성가족
부장관이 이를 고시한 것을 말한다. 청소년고용금지업소란 「식품위생법」에

의한 식품접객업 중 대통령령으로 정하는 것, 「공중위생관리법」에 의한 숙박업, 이용업, 목욕장업 중 대통령령으로 정하는 것, 「영화 및 비디오물의 진흥에 관한 법률」에 의한 비디오물 소극장업 또는 「게임산업진흥에 관한 법률」에 의한 게임제공업 · 복합유통게임제공업 중 대통령령이 정하는 영업, 「유해화학물질 관리법」에 의한 유독물영업(다만, 유독물 사용과 직접 관련이 없는 영업으로서 「유해화학물질 관리법」의 규정에 의한 유독물 사용업 중 대통령령이 정하는 영업을 제외한다), 회비 등을 받거나 유료로 만화를 대여하는 만화대여업, 청소년유해매체물, 청소년유해약물 및 청소년유해물건을 제작 · 생산 · 유통하는 영업 등 청소년의 고용이 청소년에게 유해하다고 인정되는 영업으로서 대통령령이 정하는 기준에 따라 청소년보호위원회가 결정하고 여성가족부장관이 이를 고시한 영업을 말한다. 청소년보호법에서 "유통"이라 함은 매체물 또는 약물 등을 판매(가두판매 · 자동판매기 · 통신판매 등을 포함한다. 이하 같다), 대여, 배포, 방송(종합유선방송을 포함한다. 이하 같다), 공연, 상영, 전시, 진열, 광고하거나 시청 또는 이용에 제공하는 행위와 이러한 목적으로 매체물 또는 약물 등을 인쇄 · 복제 또는 수입하는 행위를 말하며, "청소년폭력"이라 함은 폭력을 통해 청소년에게 신체적 · 정신적 피해를 발생하게 하는 행위를 말한다.[216]

3. 가정의 역할과 책임

청소년에 대하여 친권을 행사하는 자 또는 친권자를 대신하여 청소년을 보호하는 자(친권자 등)는 청소년이 청소년유해매체물과 청소년유해약물 등 및 청소년유해업소 · 청소년폭력 · 학대 등(청소년유해환경)에 접촉이나 출입을 못하도록 필요한 노력을 하여야 하며 청소년이 유해한 매체물과 유해한 약물

---

216) 청소년보호법 제2조

등을 이용하고 있거나 유해한 업소에 출입하고자 하는 때에는 이를 즉시 제
지하여야 한다. 친권자 등은 이러한 노력이나 제지를 함에 있어 필요한 경우
청소년보호와 관련된 상담기관 및 단체 등에 상담하여야 하고 해당 청소년이
가출 및 비행 등의 우려가 있다고 인정되는 상당한 이유가 있는 때에는 청소
년보호와 관련된 지도·단속 기관에 협조를 요청하여야 한다.[217]

4. 사회의 책임

　누구든지 청소년이 청소년유해환경에 접할 수 없도록 하거나 출입을 못하
도록 노력하여야 하고 청소년이 유해한 매체물과 유해한 약물 등을 이용하고
있거나 청소년폭력·학대 등을 행하고 있음을 안 때에는 이를 제지·선도하
여야 하며 청소년에게 유해한 매체물과 약물 등이 유통되고 있거나 청소년유
해업소에 청소년이 고용되어 있거나 출입하고 있음을 안 때 또는 청소년폭력
·학대 등으로부터 피해를 입고 있음을 안 때에는 청소년보호법[218] 규정에
의한 관계기관 등에 신고·고발하는 등 청소년보호를 위하여 필요한 노력을
하여야 한다. 그리고 매체물과 약물 등의 유통을 업으로 하거나 청소년유해
업소의 경영을 업으로 하는 자와 이들로 구성된 단체와 협회 등은 청소년유
해매체물과 청소년유해약물 등이 청소년에게 유통되지 아니하도록 하고 청
소년유해업소에 청소년을 고용하거나 출입하지 못하도록 하는 등 청소년보
호를 위하여 자율적인 노력을 다하여야 한다.[219]

---

217) 청소년보호법 제3조
218) 청소년보호법 제21조 제3항
219) 청소년보호법 제4조

5. 국가와 지방자치단체의 책임

국가는 청소년보호를 위하여 청소년유해환경의 정화에 필요한 시책을 강구·시행하여야 하며, 지방자치단체는 해당지역 안의 청소년유해환경으로부터 청소년보호를 위하여 필요한 노력을 하여야 한다. 국가 및 지방자치단체는 전자·통신기술 및 의약품 등의 발달에 따라 등장하는 새로운 형태의 매체물과 약물 등이 청소년의 정신적·신체적 건강을 해칠 우려가 있음을 인식하고, 이들 매체물과 약물 등으로부터 청소년을 보호하기 위하여 필요한 기술개발과 연구사업의 지원, 국가 간의 협력체제구축 등 필요한 노력을 하여야 한다. 또한 국가 및 지방자치단체는 청소년 관련 단체 등 민간의 자율적인 유해환경감시·고발활동을 장려하고 이에 필요한 지원을 할 수 있으며 이들의 건의사항에 대하여는 관련시책에 반영할 수 있고 청소년을 보호하기 위하여 청소년유해환경을 규제함에 있어 그 의무를 충실히 수행하여야 한다.[220]

제2절 청소년유해매체물의 청소년대상 유통 규제

1. 청소년유해매체물의 심의·결정

청소년보호위원회는 매체물의 청소년에 대한 유해 여부를 심의하여 청소년에게 유해하다고 인정되는 매체물에 대하여는 청소년유해매체물로 결정하여야 한다. 다른 법령의 규정에 의하여 당해 매체물의 윤리성·건전성의 심의를 할 수 있는 기관(이하 이 장에서 "각 심의기관"이라 한다)이 있는 경우에는 각 심의기관에서 그 관련 절차어 따라서 청소년유해매체물을 심의·결정

---

220) 청소년보호법 제5조

한다. 청소년보호위원회는 각 심의기관이 해당 매체물에 대하여 청소년유해
여부의 심의를 하지 아니할 경우 청소년보호를 위하여 필요하다고 인정할 때
에는 그 심의를 하도록 요청할 수 있다. 각 심의기관의 심의 결정 대상 매체
물임에도 불구하고 각 심의기관의 요청이 있는 매체물이거나 각 심의기관의
청소년유해여부 심의를 받지 아니하고 유통되는 매체물에 대하여서 청소년
보호위위원회가 심의하여 청소년에게 유해하다고 인정되는 경우 청소년유해
매체물로 결정할 수 있다. 청소년보호위원회 또는 각 심의기관은 매체물 심
의결과 그 매체물의 내용이 형법 등 다른 법령에 의하여 유통이 금지되는 내
용이라고 판단되는 경우에는 그 매체물에 대한 청소년유해매체물 결정을 하
기 전에 관계기관에 형사처벌 또는 행정처분을 요청하여야 하며 다만, 각 심
의기관별로 해당법령에서 별도의 절차가 있는 경우에는 그 절차에 의한다.
청소년보호위원회 또는 각 심의기관은 제작·발행의 목적 등에 비추어 청소
년이 아닌 자를 상대로 제작·발행되거나, 매체물 각각에 대하여 청소년유해
매체물로 결정하여서는 당해 매체물이 청소년에게 유통되는 것을 차단할 수
없는 매체물에 대하여는 신청 또는 직권에 의하여 매체물의 종류, 제목, 내용
등을 특정하여 청소년유해매체물로 결정할 수 있다.

청소년보호위원회 및 각 심의기관은 청소년유해매체물의 결정이 있는 경
우에는 지체 없이 그 이유를 명시하여 청소년유해표시의무자[221] 및 포장의무
자[222]에게 그 사실을 통보하여야 하며 이 경우 통보방법은 우편에 의한 통보
를 원칙으로 하되 주소불명 등으로 우편에 의한 통보가 불가능한 경우에는
청소년유해매체물의 결정내용을 여성가족부 또는 각 심의기관의 홈페이지에
게시하여야 한다. 청소년에게 유해한 매체물이 유통되고 있는 경우에는 청소
년 또는 매체물과 관련이 있는 중앙행정기관, 청소년보호와 관련된 지도·단

---

221) 청소년보호법시행령 제13조
222) 청소년보호법시행령 제15조

속기관, 기타 청소년보호를 위한 관련 단체 등(이하 이 장에서 "관계기관 등"이라 한다) 또는 청소년유해매체물 결정 요청에 관하여 30인 이상의 서명을 받은 자는 당해 매체물에 대하여 청소년유해매체물로 결정하여 줄 것을 청소년보호위원회 또는 각 심의기관에 신청할 수 있으며, 이 경우 청소년보호위원회는 당해 매체물이 각 심의기관의 소관에 속하는 것인 때에는 각 심의기관에 그 결정을 의뢰하여야 한다. 청소년유해매체물 결정에 관하여 신청을 받은 청소년보호위원회 또는 각 심의기관은 신청자에게 그 결과를 지체 없이 서면으로 통지하여야 한다.223)

2. 등급 구분

청소년보호위원회와 각 심의기관은 청소년유해매체물의 심의·결정 시에 청소년유해매체물로 심의·결정하지 아니한 매체물에 대하여는 청소년유해의 정도, 이용청소년의 연령, 당해 매체물의 특성, 이용시간과 장소 등을 감안하여 필요한 경우에 당해 매체물의 등급을 구분할 수 있으며, 청소년보호위원회는 각 심의기관이 해당 매체물에 대한 청소년유해 여부의 심의·결정 시 등급구분을 하도록 요청할 수 있다. 매체물에 대한 등급은 9세 이상 가: 9세 이상 청소년이 이용할 수 있는 매체물, 12세 이상 가: 12세 이상 청소년이 이용할 수 있는 매체물, 15세 이상 가: 15세 이상 청소년이 이용할 수 있는 매체물로 구분하고, 다만 각 심의기관에서 소관 매체물에 대하여 별도의 등급구분을 하고 있는 경우에는 그러하지 아니하며. 등급 구분의 기준은 청소년보호위원회 또는 각 심의기관이 정하는 바에 의한다.224)

---

223) 청소년보호법 제8조 및 영 제5조
224) 청소년보호법 제9조 및 영 제6조

3. 청소년유해매체물의 심의기준 및 조정·재심의

　청소년보호위원회와 각 심의기관은 매체물에 대하여 청소년유해매체물의 여부를 심의함에 있어서 당해 매체물이 ① 청소년에게 성적인 욕구를 자극하는 선정적인 것이거나 음란한 것, ② 청소년에게 포악성이나 범죄의 충동을 일으킬 수 있는 것, ③ 성폭력을 포함한 각종 형태의 폭력행사와 약물의 남용을 자극하거나 미화하는 것, ④ 청소년의 건전한 인격과 시민의식의 형성을 저해하는 반사회적·비윤리적인 것, ⑤ 기타 청소년의 정신적·신체적 건강에 명백히 해를 끼칠 우려가 있는 것에 해당할 경우에는 청소년유해매체물로 결정하여야 한다. 청소년유해매체물 해당 기준을 구체적으로 적용함에 있어서는 현재 국내사회에서의 일반적인 통념에 따르며 그 매체물이 가지고 있는 문학적·예술적·교육적·의학적·과학적 측면과 그 매체물의 특성을 동시에 고려하여야 하며, 청소년유해여부에 관한 구체적인 심의기준은 <표 5-1>과 같다. 청소년보호위원회는 청소년보호와 관련하여 각 심의기관 간에 동일한 내용의 매체물에 대하여 심의한 내용이 상당한 정도로 차이가 있을 경우 그 심의내용의 조정을 요구할 수 있으며 그 요구를 받은 각 심의기관은 특별한 사유가 없는 한 이에 응하여야 한다. 매체물의 제작자·발행자나 유통행위자는 제8조에 따른 청소년보호위원회의 심의·결정에 이의가 있는 경우 심의·결정의 결과를 통지받은 날부터 30일 이내에 청소년보호위원회에 재심의를 청구할 수 있으며 재심의 청구는 청소년유해매체물 심의·결정의 효력[225] 및 청소년유해매체물 고시 절차[226]의 진행에 영향을 주지 아니한다. 청소년보호위원회는 청소년유해매체물 결정에 대한 재심의 청구를 받은 날부터 60일 이내에 심의·결정하여 그 결과를 청구인에게 통보하여야 한다.[227]

---

225) 청소년보호법 제8조에 따른 심의·결정의 효력
226) 청소년보호법 제22조에 따른 청소년유해매체물 고시 절차
227) 청소년보호법 제10조 내지 제11조의 2 및 영 제7조

<표 5-1> 청소년유해매체물의 심의기준

1. 일반 심의기준

가. 매체물에 관한 심의는 당해 매체물의 전체 또는 부분에 관하여 평가하되 부분에 대하여 평가하는 경우에는 전반적 맥락을 함께 고려할 것

나. 매체물 중 연속물에 대한 심의는 개별 회분을 대상으로 할 것. 다만, 법 제8조 제5항의 규정에 해당하는 매체물에 대한 심의는 그러하지 아니하다.

다. 심의위원 중 최소한 2인 이상이 당해 매체물의 전체내용을 파악한 후 심의할 것

라. 법 제8조 제5항의 규정에 의하여 실제로 저작·발행 또는 수입이 되지 아니한 매체물에 대하여 심의하고자 하는 경우에는 구체적·개별적 매체물을 대상으로 하지 아니하고 사회 통념상 매체물의 종류, 제목, 내용 등을 특정할 수 있는 포괄적인 명칭 등을 사용하여 심의할 것

2. 개별 심의기준

가. 음란한 자태를 지나치게 묘사한 것

나. 성행위와 관련하여 그 방법·감정·음성 등을 지나치게 묘사한 것

다. 수간을 묘사하거나 혼음, 근친상간, 가학·피학성음란증 등 변태성행위, 매춘행위 기타 사회통념상 허용되지 아니한 성 관계를 조장하는 것

라. 청소년을 대상으로 하는 성행위를 조장하거나 여성을 성적 대상으로만 기술하는 등 성윤리를 왜곡시키는 것

마. 존속에 대한 상해·폭행·살인 등 전통적인 가족윤리를 훼손할 우려가 있는 것

바. 잔인한 살인·폭행·고문 등의 장면을 자극적으로 묘사하거나 조장하는 것

사. 성폭력·자살·자학행위 기타 육체적·정신적 학대를 미화하거나 조장하는 것

아. 범죄를 미화하거나 범죄방법을 상세히 묘사하여 범죄를 조장하는 것

자. 역사적 사실을 왜곡하거나 국가와 사회존립의 기본 체제를 훼손할 우려가 있는 것

차. 저속한 언어나 대사를 지나치게 남용하는 것

카. 도박과 사행심조장 등 건전한 생활태도를 저해할 현저한 우려가 있는 것

타. 청소년유해약물 등의 효능 및 제조방법 등을 구체적으로 기술하여 그 복용·제조 및 사용을 조장하거나 이를 매개하는 것

파. 청소년유해업소에의 청소년고용과 청소년출입을 조장하거나 이를 매개하는 것

하. 청소년에게 불건전한 교제를 조장할 우려가 있거나 이를 매개하는 것

청소년보호법시행령 〈별표 1〉

4. 유해매체물의 자율규제

매체물의 제작·발행자, 유통행위자 또는 매체물과 관련된 단체(자율규제단체)는 자율적으로 청소년유해 여부를 결정하고 청소년보호위원회 또는 각

심의기관에 그 결정한 내용의 확인을 요청할 수 있다. 자율규제 단체 등으로부터 청소년유해 여부의 확인요청을 받은 청소년보호위원회 또는 각 심의기관은 심의결과 그 결정내용이 적합한 경우에는 이를 확인하여야 하며, 청소년보호위원회는 필요한 경우 이를 각 심의기관에 위탁하여 처리할 수 있다. 청소년보호위원회 또는 각 심의기관이 확인을 한 경우 당해 매체물의 확인을 필한 표시를 부착할 수 있다. 매체물의 제작·발행자, 유통행위자 또는 매체물과 관련된 단체로부터 위의 절차에 따라 매체물에 대한 청소년유해 여부 확인요청을 받은 청소년보호위원회 또는 각 심의기관은 당해 매체물에 대하여 청소년유해매체물로 확인한 경우에는 지체 없이 그 이유를 명시하여 청소년유해표시의무자[228]와 포장의무자[229]에게 그 사실을 통보하여야 하며, 통보방법은 우편에 의한 통보를 원칙으로 하되, 주소불명 등으로 우편에 의한 통보가 불가능한 경우에는 청소년유해매체물의 결정내용을 여성가족부 또는 각 심의기관의 홈페이지에 게시하여야 한다. 매체물의 제작·발행자, 유통행위자 또는 매체물과 관련된 단체는 청소년에게 유해하다고 판단되는 매체물에 대하여 청소년보호위원회 또는 각 심의기관의 결정 없이 청소년보호법의 규정에 준하는 청소년유해표시[230] 또는 포장[231]을 할 수 있다. 청소년보호위원회 또는 각 심의기관은 매체물의 제작·발행자, 유통행위자 또는 매체물과 관련된 단체가 자율적으로 청소년유해표시 및 포장을 한 매체물을 발견한 때에는 청소년유해 여부를 결정하여야 하며, 이 경우 매체물의 제작·발행자, 유통행위자 또는 매체물과 관련된 단체가 청소년유해표시 또는 포장을 한 매체물은 청소년보호위원회 또는 각 심의기관의 최종결정이 있을 때까지 청소년보호법의 규정에 의한 청소년유해매체물로 본다. 여기에서 "청소년보호위

---

228) 청소년보호법 제13조
229) 청소년보호법 제15조
230) 청소년보호법 제14조
231) 청소년보호법 제15조

원회 또는 각 심의기관의 최종결정이 있을 때”라 함은 청소년유해매체물로 결정한 경우에 있어서는 당해 매체물에 대하여 청소년보호위원회가 결정하고 여성가족부장관이 청소년유해매체물르 고시[232]한 날을 말하며, 고시의 효력 발생 시기는 고시일로 한다. 청소년유해매체물과 관련한 자율규제단체란 매체물의 창작·제작 및 유통과 관련된 단체·협회 또는 이들로 구성된 협의체 및 기타 매체물의 유해여부를 심의할 수 있는 자체심의기구를 두고 있는 법인 또는 단체를 말한다.[233]

5. 청소년유해매체물 표시 및 포장 의무와 판매금지

1) 유해매체물의 표시

청소년유해매체물에 대해서는 <표 5-2>의 표시의무자가 청소년에게 유해한 매체물임을 나타내는 “청소년유해표시”를 <표 5-3>의 종류와 방법으로 하여야 한다. 청소년유해표시가 되지 아니한 청소년유해매체물을 유통의 목적으로 소지하고 있는 자는 청소년유해표시의무자에게 지체 없이 청소년유해표시를 하여줄 것을 요구하거나 직접 청소년유해표시를 하여 유통시킬 수 있다.[234]

---

232) 청소년보호법 제22조

233) 청소년보호법 제12조 및 영 제8조 내지 영 제10조

234) 청소년보호법 제14조 및 영 제13조 내지 제14조

<표 5-2> 청소년유해매체물의 유해표시의무자

구분	유해표시의무자
1. 음반·비디오물 및 게임물	제작·수입·복제한 자
2. 〈삭제〉	
3. 영화·연극·음악·무용·기타 오락적 관람물	공연장 경영자
4. 전기통신을 통한 부호·문언·음향 또는 영상정보	정보를 제공하는 자
5. 방송프로그램	방송을 하는 자
6. 간행물	제작·수입·발행한 자
7. 광고선전물 중 간행물에 포함된 것	간행물의 표시의무자

청소년보호법시행령 〈별표 2〉

<표 5-3> 매체물의 종류에 따른 청소년유해표시 방법

구분	표시문구	표시방법
1. 음반 및 비디오물	19세 미만 청취불가, 19세 미만 시청불가(다만, 「영화 및 비디오물의 진흥에 관한 법률」 및 「음악산업진흥에 관한 법률」 기타 다른 법령에 달리 정한 경우에는 당해 법령이 정하는 바에 의한다)	○ 표시문구는 적색바탕에 백색글씨로 기재한다. ○ 표시문구는 한쪽이 60mm 이상, 다른 한쪽이 15mm 이상인 직사각형을 표시하고 그 안에 기재한다. ○ 표시는 당해 매체물에 표시한다.
2. 게임물	19세 미만 이용불가(다만, 「게임산업진흥에 관한 법률」 기타 다른 법령에 달리 정한 경우에는 당해 법령이 정하는 바에 의한다)	○ 비디오물 및 게임물의 경우 프로그램을 시작하기 전에 "이 프로그램은 ○○세 미만의 청소년이 시청(게임물의 경우에는 이용)해서는 안 됩니다"라는 자막표시를 한다.
3. 영화·연극·음악·무용 기타 오락적 관람물	19세 미만 관람불가(다만, 다른 법령에 달리 정한 경우에는 당해 법령이 정하는 바에 의한다)	○ 표시문구는 적색바탕에 백색글씨로 기재한다. ○ 표시문구는 한쪽이 400mm 이상, 다른 한쪽이 100mm 이상인 직사각형을 표시하고 그 안에 기재한다. ○ 표시는 당해 공연장의 매표소와 출입구에 한다.
4. 전기통신을 통한 부호·문언·음향 또는 영상정보	19세 미만 이용불가(다만, 「정보통신망 이용촉진 및 정보보호 등에 관한 법률 시행령」 그 밖의 다른 법령에서 청소년유해매체물의 표시에 관한 사항을 정한 경우에는 당해 법령이 정하는 바에 의한다)	○ 프로그램을 시작하기 전에 "이 프로그램은 19세 미만 청소년이 이용해서는 안 됩니다"라는 자막표시를 한다.

5. 방송 프로그램	19세 미만 시청불가	○ 프로그램의 방송을 시작하기 전에 "이 프로그램은 19세 미만 청소년이 시청해서는 안 됩니다"라는 자막표시를 한다. ○ 프로그램의 방송 중에는 지름 20mm 이상, 적색테두리 두께가 3mm 이상인 크기의 원형마크 안에 "19"라는 숫자를 백색바탕에 흑색으로 기재한 표시를 화면우측 상단에 한다.
6. 간행물	19세 미만 구독불가	○ 표시문구는 적색바탕에 백색글씨로 기재한다. ○ 표시문구는 한쪽이 60mm 이상, 다른 한쪽이 15mm 이상인 직사각형을 표시하고 그 안에 기재한다. ○ 표시는 당해매체물의 앞표지와 뒤표지의 우측상단에 한다.
7. 광고선전물 중 간행물에 포함된 것	19세 미만 구독불가	○ 간행물의 표지에 간행물의 표시방법과 같은 방법으로 기재한다.

청소년보호법시행령 〈별표 3〉

2) 유해매체물의 포장

매체물의 특성상 포장할 수 없는 것을 제외하고 청소년유해매체물에 대해서는 이를 포장하여야 하며, 청소년유해매체물을 포장하여야 할 자는 이를 발행하거나 제작·수입한 자로 한다. 청소년유해매체물 포장의무자는 청소년보호법의 규정[235])에 의한 청소년유허매체물의 고시가 있는 경우에는 지체 없이 청소년유해매체물을 포장하여야 한다. 그러나 당해 매체물을 대여하여 반환받는 것에 대하여는 그러하지 아니하다. 포장하여야 할 청소년유해매체물은 신문(일반일간신문, 특수일간신문, 일반주간신문, 일반주간신문, 특수간신문)잡지, 대통령령[236)으로 정하는 그 밖의 간행물과 정기간행물 외의 간행물

---

235) 청소년보호법 제22조

중 만화·사진첩·화보류·소설 등의 도서류, 전자출판물, 그 밖에 외국에서 제작·수입된 간행물[237]이 청소년유해매체물에 해당하는 것을 말한다. 이 경우 청소년유해광고선전물[238]을 수록·게재 기타의 방법으로 포함하고 있는 것을 포함한다. 청소년유해매체물의 포장은 포장에 이용되는 용지 등을 훼손하지 아니하고서는 그 내용물을 열람할 수 없는 방법으로 하여야 한다. 다만, 청소년보호위원회 및 각 심의기관이 매체물의 겉표지가 청소년보호법의 규정[239]에 의한 심의기준에 의하여 청소년에게 유해한 것으로 따로 결정하여 여성가족부장관이 고시하는 매체물에 대하여는 제호를 제외한 겉표지의 내용이 보이지 아니하도록 불투명한 용지를 사용하여 포장하여야 한다. 포장이 되지 아니한 청소년유해매체물을 유통의 목적으로 소지하고 있는 자는 청소년유해매체물 포장 의무자에게 지체 없이 청소년유해매체물 포장을 요구하거나 직접 청소년유해매체물을 포장 하여 유통시킬 수 있다. 누구든지 청소년유해매체물에 대한 청소년유해표시 및 포장을 훼손하여서는 아니 된다.[240]

3) 청소년유해매체물 판매금지 등

매체물 중 ① 비디오물·게임물·음반,[241] ② 영화·연극·음악·무용·기타 오락적 관람물,[242] ③ 전기통신을 통한 부호·문언·음향 또는 영상정보,[243] ④ 신문·잡지·정기간행물·도서류·전자출판물·외국간행물,[244] ⑤

---

236) 청소년보호법시행령 제4조

237) 청소년보호법 제7조 제6호

238) 청소년보호법 제7조 제7호

239) 청소년보호법 제10조

240) 청소년보호법 제15조 내지 제16조 및 영 제15조

241) 청소년보호법 제7조 제1호

242) 청소년보호법 제7조 제3호

243) 청소년보호법 제7조 제4호

244) 청소년보호법 제7조 제6호

간판·입간판·벽보·전단 기타 이와 유사한 상업적 광고 선전[245] 및 각종 매체물에 수록·게재·전시, 기타 방법으로 포함된 상업적 광고 선전,[246] ⑥ 청소년에게 정신적·신체적 건강을 해칠 우려가 있다고 인정되는 것으로서 위 ① 내지 ⑤의 매체물이 2 이상 혼합된 복합적인 매체물[247]과 사무실·가정 등 옥내에 배포되는 광고용의 전단 및 이와 유사한 광고 선전 매체물[248]이 청소년유해매체물인 경우에는 청소년에게 판매·대여·배포하거나 시청·관람·이용에 제공하여서는 아니 된다. 이상의 판매 등 금지의 청소년유해매체물을 판매·대여·배포하거나 시청·관람·이용에 제공하고자 하는 자는 그 상대방의 연령을 확인하여야 하고, 청소년에게 이를 판매·대여·배포하거나 시청·관람·이용에 제공하여서는 아니 된다. 청소년유해표시를 하여야 할 매체물은 청소년유해표시가 되지 아니한 상태에서는 당해 매체물의 판매 또는 대여를 위하여 전시 또는 진열하여서는 아니 되며, 청소년유해매체물의 포장을 하여야 할 매체물은 포장이 되지 아니한 상태에서는 당해 매체물의 판매 또는 대여를 위하여 전시 또는 진열하여서는 아니 된다. 청소년유해매체물은 이를 청소년에게 유통이 허용된 매체물과 구분·격리하지 아니하고서는 판매 또는 대여하기 위하여 전시 또는 진열하여서는 아니 된다. 청소년유해매체물을 구분·격리하여야 할 자는 청소년유해매체물이 구분·격리된 장소 또는 시설에 <표 5-4>의 방법으로 청소년에 대하여 당해 매체물의 판매 등이 금지된 것임을 나타내는 표시를 부착하여야 하며 청소년유해매체물을 구분·격리하여 전시·진열할 장소 또는 시설은 당해 업소에서 영업자가 육안으로 확인할 수 있으면서 청소년의 이용을 통제하기 가장 쉬운 곳이어야 한다.[249]

---

245) 청소년보호법 제7조 제7호
246) 청소년보호법 제7조 제7호
247) 청소년보호법 제7조 제8호 및 영 제4조 제4항 제1호
248) 청소년보호법 제7조 제8호 및 영 제4조 제4항 제2호
249) 청소년보호법 제17조 내지 제18조 및 영 제16조의 2 내지 제17조

<표 5-4> 청소년유해매체물판매 등 금지의 구체적인 표시방법

구분	표시문구	표시방법
1. 음반판매업소 2. 비디오물판매업소 3. 만화판매업소 4. 도서판매업소	19세 미만 구입불가(다만, 다른 법령에 달리 정한 경우에는 당해 법령이 정하는 바에 의한다)	○ 표시문구는 적색 바탕에 백색 글씨로 기재한다. ○ 표시문구는 한쪽이 400mm 이상, 다른 한쪽이 100mm 이상인 직사각형을 표시하고 그 안에 기재한다.
5. 비디오물대여업소 6. 〈삭제〉 7. 만화대여업소 8. 도서대여업소	19세 미만 대여불가(다만, 다른 법령에 달리 정한 경우에는 당해 법령이 정하는 바에 의한다)	

청소년보호법시행령 〈별표 4〉

4) 자동기계장치 및 무인판매장치 등 금지

청소년유해매체물로서 ① 비디오물·게임물·음반,[250] ② 신문·잡지·정기간행물·도서류·전자출판물·외국간행물[251]에 해당하는 매체물은 자동기계장치 또는 무인판매장치에 의하여 유통할 목적으로 전시 또는 진열하여서는 아니 된다. 그러나 자동기계장치 또는 무인판매장치를 설치하는 자가 이를 이용한 청소년의 청소년유해매체물 구입행위 등을 제지할 수 있는 경우, 청소년출입·고용금지업소 안에 설치하는 경우에는 그러하지 아니하다. 청소년유해매체물의 판매금지와 관련하여 "자동기계장치"라 함은 자동판매기·자동대여기 등과 같이 유통이 사람의 손에 의하여 일일이 이루어지지 아니하고 기계장치에 의하여 이루어지는 장치를 말하며, "무인판매장치"라 함은 가두판매장치 등과 같이 소유자나 관리자의 유무에 관계없이 유통이 상대방을 일일이 확인하지 아니하고 수요자에 의하여 이루어지는 장치를 말한다.[252]

---

250) 청소년보호법 제7조 제1호

251) 청소년보호법 제7조 제6호

252) 청소년보호법 제18조 및 영 제 18조

6. 방송시간 제한 및 광고 선전 제한

1) 방송시간 제한

청소년유해매체물에 해당하는 「방송법」의 규정에 의한 방송프로그램(보도 방송프로그램을 제외한다)[253]과 광고선전물 중 방송을 이용하는 것[254]은 청소년시청보호시간대에 방송하여서는 아니 된다. 청소년유해매체물을 방송하여서는 아니 되는 방송시간(이하 이 장에서 "청소년시청보호시간대"라 한다)은 평일의 오전 7시부터 오전 9시까지와 오후 1시부터 오후 10시까지로 하며, 토요일과 「관공서의 공휴일에 관한 규정」[255]에 따른 공휴일 및 여성가족부장관이 정하여 고시하는 초등학교·중학교·고등학교의 방학기간 동안에는 오전 7시부터 오후 10시까지로 한다. 「방송법」에 의한 방송 중 시청자와의 계약에 의하여 채널별로 대가를 받고 제공하는 방송의 경우에는 청소년시청보호시간대를 여성가족부장관이 정하여 고시하는 시간으로 한다. 청소년시청보호시간대에 방송되는 청소년유해매체물의 여고편방송에는 청소년의 감수성을 자극하는 장면을 포함하여서는 아니 된다.[256]

2) 광고 선전 제한

광고 선전 제한 대상이 되는 청소년유해매체물이란 「옥외광고물 등 관리법」의 규정에 의한 간판·입간판·벽보·전단[257]·기타 대통령령이 정하는 광

---

253) 청소년보호법 제7조 제5호 사항
254) 청소년보호법 제7조 제7호
255) 관공서의 공휴일에 관한 규정 제2조
256) 청소년보호법 제19조 및 영 제18조
257) 청소년보호법 제7조 제7호

고 선전물을 말하며,[258] 광고 선전 제한 청소년유해매체물은 청소년출입·고용금지업소 외의 업소, 공중이 통행하는 장소, 청소년의 접근을 제한하는 기능이 없는 컴퓨터통신 등의 장소 또는 방법으로 공공연히 설치·부착·배포하여서는 아니 된다. 광고 선전 제한 대상이 되는 청소년유해매체물의 광고 선전물 중 다른 매체물과 기타 물건 등에 수록·게재·전시·기타의 방법으로 포함된 것은 당해 매체물과 기타 물건 등을 청소년을 대상으로 판매·대여·배포하거나 시청·관람 또는 이용에 제공하여서는 아니 된다.[259]

7. 청소년유해매체물목록표의 작성·통보 및 고시

청소년보호위원회와 각 심의기관은 소관 매체물에 대하여 청소년유해매체물로 결정한 때에는 당해 매체물의 목록을 작성하여야 하며, 각 심의기관이 작성할 경우에는 그 목록을 청소년보호위원회에 제출하여야 한다. 여성가족부장관은 청소년유해매체물의 목록을 종합한 청소년유해매체물목록표를 작성하여야 하며, 청소년유해매체물(음반물)목록표, 청소년유해매체물(영화·비디오·기타 영상물)목록표, 청소년유해매체물(전기통신정보)목록표, 청소년유해매체물(방송물)목록표, 청소년유해매체물(간행물)목록표를 고시할 때마다 작성하여야 한다. 여성가족부장관은 각 심의기관, 청소년 또는 매체물과 관련이 있는 <표 5-5>의 중앙행정기관, 청소년보호와 관련된 지도·단속기관, 기타 청소년보호를 위한 관련단체 등(관계기관)에 청소년유해매체물의 목록을 종합한 청소년유해매체물목록표를 우편에 의하거나 컴퓨터통신 등 정보통신기술을 이용한 방법에 의하여 통보하여야 하고, 필요한 경우 매체물의 유통을 업으로 하는 개인·법인·단체에게 통보할 수 있으며, 요청이 있는 경우

---

258) 청소년보호법 제20조
259) 청소년보호법 제20조

친권자 등에게 통지할 수 있다. 청소년유해매체물목록표를 통보받은 관계기관 등은 필요한 경우 그 소속기관 및 산하단체 등에 이를 통보하여야 한다. 청소년보호위원회가 결정 또는 확인한 청소년유해매체물[260]에 대하여는 여성가족부장관은 이를 청소년유해매체물로 고시하여야 한다. 각 심의기관이 청소년유해매체물에 대하여 심의한 경우 각 심의기관은 청소년유해매체물에 대하여 심의의견서를 첨부하여 청소년보호위원회에 제출하고, 청소년보호위원회는 여성가족부장관에게 당해 매체물의 고시를 요청하여야 한다. 여성가족부장관이 청소년매체물을 고시할 때에는 고시의 사유와 효력발생시기를 명시하여야 한다.[261]

<표 5-5> 청소년유해매체물목록표 통보대상기관

---

1. 각 심의기관
2. 청소년 또는 매체물과 관련이 있는 행정기관: 기획재정부・교육과학기술부・법무부・행정안전부・문화체육관광부・여성가족부・방송통신위원회
3. 청소년보호와 관련된 지도・단속기관: 지방자치단체, 대검찰청・고등검찰청・지방검찰청, 경찰청・지방경찰청, 시・도교육청
4. 자율규제단체 등
5. 청소년보호를 위한 단체
가. 「청소년기본법」에 따른 한국청소년상담원・한국청소년단체협의회 및 「정부출연연구기관 등의 설립・운영 및 육성에 관한 법률」에 따른 한국청소년정책연구원
나. 제2호 및 제3호의 규정에 의한 행정기관과 지도・단속기관으로부터 「보조금의 예산 및 관리에 관한 법률」에 따라 사업비의 전부 또는 일부를 보조받아 청소년보호사업을 수행하는 기관・단체・협회 등
다. 청소년보호사업을 수행하는 청소년・여성・종교・문화예술・소비자 관련 단체 중 여성가족부장관이 지정하는 단체

청소년보호법시행규칙 〈별표 1〉

---

260) 청소년보호법 제8조 제1항 본문 및 제3항 및 제12조의 규정
261) 청소년보호법 제21조 내지 제22조 및 영 제7조 및 시행규칙 제7조

8. 청소년유해매체물의 결정취소 및 외국매체물에 대한 특례

1) 청소년유해매체물의 결정취소 등

청소년보호위원회는 청소년유해매체물이 더 이상 청소년에게 유해하지 아니하다고 인정할 경우에는 청소년유해매체물의 결정을 취소하고 여성가족부장관에게 당해 매체물을 청소년유해매체물목록표에서 삭제하도록 요청하여야 하며 여성가족부장관은 이를 삭제하여야 하고 그 사실을 관계기관 등에 통보하여야 한다. 각 심의기관이 청소년유해매체물 결정을 취소한 경우에는 청소년보호위원회에 그 사실을 통보하여야 하고, 청소년보호위원회는 여성가족부장관에게 당해 매체물을 청소년유해매체물 목록표에서 삭제하도록 요청하여야 하며 여성가족부장관은 이를 삭제하여야 하고 그 사실을 관계기관 등에 통보하여야 한다. 그리고 여성가족부장관은 청소년유해매체물의 취소결정이 있는 경우에는 지체 없이 그 이유를 명시한 서면에 의하여 청소년유해매체물 표시의무자 및 포장의무자에게 그 사실을 통보하고 결정이 취소되었다는 사실과 그 사유를 명시하여 고시하여야 한다.[262]

2) 외국매체물에 대한 특례

누구든지 영리를 목적으로 외국에서 제작·발행된 매체물로서 청소년보호법의 청소년유해매체물 심의기준[263]에 해당하는 매체물을 청소년에게 유통(번역, 번안, 편집, 자막삽입 등의 방법으로 유통하게 하는 경우를 포함한다)하게 하거나 이와 같은 목적으로 소지하여서는 아니 된다.[264]

---

262) 청소년보호법 제23조 및 시행규칙 제8조
263) 청소년보호법 제10조
264) 청소년보호법 제23조의 2

제3절 청소년의 인터넷게임 중독 예방

「게임산업진흥에 관한 법률」에 따른 게임물 중 「정보통신망 이용촉진 및 정보보호 등에 관한 법률」265)에 따른 정보통신망을 통하여 실시간으로 제공되는 게임물(이하 이장에서 "인터넷게임"이라 한다)의 제공자(「전기통신사업법」266)에 따라 부가통신사업자로 신고한 자 및 신고한 것으로 보는 경우를 포함한다. 이하 같다)는 16세 미만의 청소년에게 오전 0시부터 오전 6시까지 인터넷게임을 제공하여서는 아니 된다. 여성가족부장관은 문화체육관광부장관과 협의하여 심야시간대 인터넷게임의 제공시간 제한대상 게임물의 범위가 적절한지를 2년마다 평가하여 개선 등의 조치를 하여야 한다. 이 경우 여성가족부 장관은 게임의 유형, 내용 및 사용하는 기기 등을 고려한 평가 대상 게임물 및 게임물의 과도한 이용을 유발하는 요인 등 평가 사항을 정하여 고시하고 이를 기준으로 평가하여야 하며, 여성가족부장관은 평가를 위하여 청소년 인터넷게임 중독267) 예방에 식견이 있는 사람으로서 청소년·정보통신·게임·교육·상담·의료 등 분야에 증사하는 전문가 및 문화체육관광부 소속 공무원 등 15명 이내로 구성된 평가자문단을 여성가족부에 둘 수 있다. 그 외 평가의 방법 및 절차 등에 관하여 필요한 사항은 「게임산업진흥에 관한 법률」에서 정하는 바에 따른다. 그리고 여성가족부장관은 평가한 결과를 바탕으로 심야시간대 인터넷게임의 제공시간 제한대상 게임물의 범위를 조정하는 등 개선 등의 조치를 하여야 하며 그 내용을 고시하여야 한다. 여성가족부장관은 관계 중앙행정기관의 장과 협의하여 인터넷게임 중독 등 매체물의 오용·남용으로 신체적·정신적·사회적 피해를 입은 청소년에 대하여 ① 청소년의

---

265) 정보통신망 이용촉진 및 정보보호 등에 관한 법률 지2조 제1항 제1호

266) 전기통신사업법 제22조

267) 인터넷게임의 지나친 이용으로 인하여 인터넷게임 이용자가 일상생활에서 쉽게 회복할 수 없는 신체적·정신적·사회적 기능 손상을 입은 것을 말한다.

인터넷게임 중독 여부 진단, ② 청소년의 인터넷게임 중독 예방을 위한 교육·
상담 및 프로그램 개발·운영, ③ 인터넷게임 중독 청소년의 치료·재활을
위한 프로그램의 개발·운영, ④ 인터넷게임 중독 청소년의 치료·재활을 위
하여 협력하는 병원의 지정, ⑤ 청소년상담사 등에 대한 인터넷게임 중독 전
문상담 교육 등의 예방·상담 및 치료·재활 등의 서비스를 지원할 수 있다.
여성가족부장관은 이러한 사업을 수행하기 위하여 관련 기관 및 단체의 장에
게 자료의 제출 등 협조를 요청할 수 있으며, 위의 각 사업을 청소년기본
법268)에 따른 청소년단체 중 청소년 보호를 주요사업으로 하는 단체에 위탁
하여 실시할 수 있다.269)

제4절 청소년유해업소, 청소년유해약물 및 청소년 유해행위 등의 규제

1. 청소년유해업소의 청소년 고용금지 및 출입제한 등

1) 청소년유해업소의 청소년 고용금지 및 출입제한

청소년유해업소의 업주는 종업원을 고용하고자 하는 때에는 그 연령을 확
인하여야 하며, 청소년을 고용하여서는 아니 된다. 또한 청소년출입·고용금
지업소의 업주 및 종사자는 출입자의 연령을 확인하여 청소년이 당해 업소에
출입하거나 이용하지 못하게 하여야 한다. 청소년유해업소의 업주 및 종사자
는 청소년출입·고용금지 등과 관련하여 연령확인을 위하여 필요한 경우 "주

---

268) 청소년기본법 제3조 제8호
269) 청소년보호법 제23조의 3 내지 제23조의 4 및 영 제18조의 2 내지 18조의 3

민등록증 그 밖에 연령을 확인할 수 있는 증표"(증표)의 제시를 요구할 수 있으며 증표제시를 요구받은 자가 정당한 사유 없이 증표제시를 거부할 경우에는 당해 업소의 출입을 제한하거나 이용하지 못하게 할 수 있다. 그러나 청소년이 친권자 등을 동반할 때에는 청소년출입·고용금지업소의 업주 및 종사자는 청소년과 친권자 등과의 관계를 확인하고 출입하게 할 수 있다. 다만, 「식품위생법」에 의한 식품접객업 중 유흥주점영업 및 단란주점 업소의 경우에는 그러하지 아니하다. 청소년유해업소의 업주 및 종사자는 청소년출입·고용금지업소(청소년실을 갖춘 노래연습장업소를 제외한다)의 입구 중 가장 잘 보이는 곳에 <표 5-6>의 방법으로 청소년의 출입·이용과 고용을 제한하는 내용의 표지를 부착하여야 한다.[270]

<표 5-6> 청소년출입·고용금지업소의 청소년 출입·고용제한 표시방법

구분	표시문구	표시방법
청소년출입·고용 금지업소	19세 미만 출입·고용금지 업소(다만, 다른 법령에 달리 정한 경우에는 당해 법령이 정하는 바에 의한다)	표시문구는 한 면이 400mm 이상, 다른 한 면이 100mm 이상인 직사각형 안에 외견상 충분히 식별이 가능한 크기로 하여야 한다.

청소년보호법시행령 〈별표 4의 2〉

2) 청소년통행금지·제한구역의 지정 등

지방자치단체는 청소년보호를 위하여 필요하다고 인정할 경우 청소년에게 정신적·신체적 건강을 해칠 우려가 있는 구역을 청소년통행금지구역 또는 청소년통행제한구역으로 지정하여야 한다. 또한 지방자치단체는 청소년범죄 또는 탈선의 예방 등 특별한 이유가 있는 때에는 특정시간을 정하여 청소년보호법의 규정에 의해 청소년통행금지구역 뜨는 청소년통행제한구역으로 지

---

270) 청소년보호법 제24조 및 영 제19조 내지 제19조의 2

정된 구역에 청소년의 통행을 금지하거나 또는 제한할 수 있다. 여기에서 청소년통행금지구역이라 함은 청소년의 통행을 24시간 금지하는 구역을 말하고, 청소년 통행제한구역이라 함은 청소년의 통행을 일정시간 제한하는 구역을 말한다. 다만 친권자, 후견인, 교사 기타 당해 청소년을 보호할 수 있는 보호자를 동반하는 때에는 통행할 수 있다. 청소년이 이를 위반하여 청소년통행금지·제한구역을 통행하고자 하는 때에는 지방자치단체 및 관할경찰서장은 그 통행을 저지할 수 있으며 통행하고 있는 청소년에 대하여는 해당구역 밖으로 퇴거시킬 수 있다. 이 경우 청소년통행금지·제한구역을 통행하고자 하는 청소년의 통행을 저지하거나 또는 통행하고 있는 청소년을 해당 구역 밖으로 퇴거시키기 위하여 관계공무원은 외견상 청소년으로 보이는 자에 대하여 신분증의 제시를 요구할 수 있다. 청소년통행금지·제한구역과 시간 등의 구체적인 지정기준과 선도 및 단속방법 등은 조례로 정하여야 하며, 이 경우 관할 국가경찰관서 및 학교 등 해당지역 내의 관계기관과 지역주민의 의견을 반영하여야 한다. 관할 국가경찰서장은 청소년통행금지구역 또는 청소년통행제한구역에 청소년의 통행이 금지 또는 제한될 수 있도록 경찰상 필요한 조치를 하여야 한다.[271)

2. 청소년유해약물 등으로부터 청소년보호

누구든지 청소년을 대상으로 하여 청소년유해약물 등을 판매·대여·배포하여서는 아니 된다. 이 경우 자동기계장치·무인판매장치·통신장치에 의하여 판매·대여·배포한 경우를 포함한다. 그러나 청소년유해약물 등이 학습용·공업용 또는 치료용으로 판매되는 것으로서 청소년의 친권자·후견인·교사, 직장의 감독자 그 밖에 당해 청소년을 보호·감독할 만한 실질적인 지위

---

271) 청소년보호법 제24조 내지 제25조 및 제19조의 3

에 있는 자가 학습용 또는 공업용으로 사용할 것임을 전화 등을 통하여 확인한 청소년유해약물 등과 「의료법」[272]에 따른 의사 또는 치과의사의 처방전에 포함되어 있는 청소년유해약물의 경우에는 위의 금지에 해당하지 아니한다. 청소년유해약물 등을 판매·대여·배포하고자 하는 자는 그 상대방의 연령을 확인하여야 한다. 여성가족부장관은 청소년유해약물목록표를 고시할 때마다 작성하여야 하며 청소년유해약물 등과 관련이 있는 <표 5-7>의 중앙행정기관, 청소년보호와 관련된 지도·단속기관, 기타 청소년보호를 위한 관련단체 등에 우편에 의하거나 컴퓨터통신 등 정보통신기술을 이용한 방법에 의하여 통보하여야 하고, 필요한 경우 약물유통을 업으로 하는 개인·법인·단체에게 통보할 수 있으며, 요청이 있는 경우 친권자 등에게 통지할 수 있다. 그리고 여성가족부 장관으로부터 청소년유해약물목록표를 통보받은 관계기관 등은 필요한 경우 그 소속기관 및 산하단체 등에 이를 통보하여야 한다. 청소년유해약물에 대한 표시 및 포장의무, 표시 및 포장 훼손 금지 등에 대해서 청소년유해매체물의 표시 및 포장의무,[273] 표시 및 포장 훼손 금지[274]에 관한 규정을 준용한다. 이 경우 청소년유해약물 등의 청소년유해표시를 하여야 할 자는 <표 5-8>과 같다. 다만, 다른 법령의 규정에 의하여 청소년유해표시를 하여야 할 자가 정하여진 경우에는 그러하지 아니하다. 그리고 청소년유해약물 등의 유해표시의무자는 <표 5-9>에서 정하는 바에 따라 누구나 쉽게 알아볼 수 있는 방법으로 청소년유해표시를 하여야 한다. 다만, 다른 법령에서 유해표시방법을 정하고 있는 경우에는 그러하지 아니하다. 또한, 청소년유해표시가 되지 아니한 청소년유해약물 등을 유통의 목적으로 소지하고 있는 자는 청소년유해약물 등의 표시의무자에게 지체 없이 청소년유해표시를 하여줄 것을 요구하거나 직접 청소년유해표시를 하여 유통시킬 수 있다.[275]

---

272) 의료법 제18조

273) 청소년보호법 제15조

274) 청소년보호법 제16조

<표 5-7> 청소년유해약물목록표 통보대상기관

1. 청소년유해약물 등과 관련이 있는 행정기관: 교육과학기술부·법무부·행정안전부·문화체육관광부·환경부·식품의약품안전청
2. 청소년보호와 관련된 지도·단속기관: 지방자치단체, 대검찰청·고등검찰청·지방검찰청, 경찰청·지방경찰청, 시·도교육청
3. 자율규제단체 등
4. 청소년보호를 위한 단체
가. 「청소년기본법」에 따른 한국청소년상담원·한국청소년단체협의회 및 「정부출연연구기관 등의 설립·운영 및 육성에 관한 법률」에 따른 한국청소년정책연구원
나. 제1호 및 제2호의 규정에 의한 행정기관과 지도·단속기관으로부터 「보조금의 예산 및 관리에 관한 법률」에 따라 사업비의 전부 또는 일부를 보조받아 청소년보호사업을 수행하는 기관·단체·협회 등
다. 청소년보호사업을 수행하는 청소년·여성·종교·문화예술·소비자 관련단체 중 여성가족부장관이 지정하는 단체

청소년보호법시행규칙 〈별표 2〉

<표 5-8> 청소년유해약물 등의 유해표시의무자

구분	유해표시의무자
1. 청소년유해약물	제조·수입한 자
2. 청소년유해물건	제작·수입한 자

청소년보호법시행령 〈별표 4의3〉

<표 5-9> 약물 등의 종류에 따른 청소년유해표시방법

구분	표시문구	표시방법		
		크기	색상	위치
1. 술	19세 미만 청소년에게 판매를 금지한다는 내용이 포함되어야 하며, 그 구체적인 내용은 청소년보호위원회가 결정하고 여성가족부장관이 고시한다.	상표면적의 1/20 이상 크기의 면적으로 기재	바탕색과 보색	업계 자율

<hr>

275) 청소년보호법 제26조 및 영 제 20조 내지 제2조 및 시행규칙 제9조

2. 담배	19세 미만 청소년에게 판매를 금지한다는 내용이 포함되어야 하며, 그 구체적인 내용은 청소년보호위원회가 결정하고 여성가족부장관이 고시한다.	담뱃갑 뒷면 단면면적의 1/5 이상 크기의 사각형 안에 기재	바탕색과 보색	담뱃갑 뒷면
3. 부탄가스	본 제품은 흡입 시 실신장애 등 심각한 피해를 가져옵니다. 이를 흡입한 자는 관계법령에 의하여 처벌을 받으며, 특히 19세 미만의 청소년에게 판매한 경우에는 3년 이하의 징역 또는 2천만 원 이하의 벌금형에 처해집니다.	용기면적의 1/20 이상 크기의 면적에 기재	바탕색과 보색	업계자율
4. 부탄가스 외 환각물질(공업용 제외)	19세 미만 청소년에게 판매할 수 없습니다.	업계자율로 하되, 다른 의무기재사항이 있는 경우 그 크기 이상이어야 함	바탕색과 보색	업계자율
5. 법 제2조제4호 가목(7)의 약물 및 나목의 물건	19세 미만 청소년에게 판매할 수 없습니다.	상표면적의 1/10 이상 크기의 면적에 기재	바탕색과 보색	업계자율
	제5호의 약물 또는 물건 중 당해 약물이나 물건의 특성상 표시 문구나 표시방법을 달리 할 필요가 있는 경우에는 청소년보호위원회가 따로 정할 수 있다. 이 경우 그 내용은 여성가족부장관이 관보에 고시하여야 한다.			

청소년보호법시행령 〈별표4의4〉

3. 청소년유해행위의 금지

누구든지 청소년에 대하여 영리를 목적으로 ① 청소년으로 하여금 신체적인 접촉 또는 은밀한 부분의 노출 등 성적 접대행위를 하게 하거나 이러한 행위를 알선·매개하는 행위, ② 영리를 목적으로 청소년으로 하여금 손님과 함께 술을 마시거나 노래 또는 춤 등으로 손님의 유흥을 돋우는 접객행위를 하게 하거나 이러한 행위를 알선·매개하는 행위, ③ 영리 또는 흥행의 목적으로 청소년에게 음란한 행위를 하게 하는 행위, ④ 영리 또는 흥행의 목적으로 청소년의 장애기형 등 형상을 공중에게 관람시키는 행위, ⑤ 청소년에게 구걸을 시키거나, 청소년을 이용해서 구걸하는 행위, ⑥ 청소년을 학대하는 행위, ⑦ 영리를 목적으로 청소년으로 하여금 손님을 거리에서 유인하는 행위를 하게 하는 행위, ⑧ 청소년에 대하여 이성혼숙을 하게 하는 등 풍기를 문란하게 하는 영업행위를 하거나 그를 목적으로 장소를 제공하는 행위, ⑨ 주로 다류를 조리·판매하는 업소에서 청소년으로 하여금 영업장을 벗어나 다류를 배달하는 행위를 하게 하거나 이를 조장 또는 묵인하는 행위를 하거나 청소년으로 하여금 하도록 시켜서는 아니 된다.[276]

4. 청소년대상 채권의 무효

위 "3. 청소년 유해행위의 금지"에 해당하는 청소년유해행위를 한 자가 유해행위와 관련하여 청소년에게 가지는 채권은 그 계약의 형식이나 명목에 관계없이 이를 무효로 한다. 또한 청소년출입·고용금지업소 중에서 「식품위생법」에 의한 식품접객업인 유흥주점영업 및 단란주점영업,[277] 청소년고용금지업소인 「식품위생법」에 의한 식품접객업의 휴게음식점영업으로서 주로 다류를 조리·판매하는 다방 중 종업원에게 영업장을 벗어나 다류 등을 배달·판매하게 하면서 소요시간에 따라 대가를 수수하게 하거나 이를 조장 또는 묵인하는 형태로 운영되는 영업,[278] 일반음식점영업 중 음식류의 조리·판매보다는 주로 주류의 조리·판매를 목적으로 하는 소주방·호프·카페 등의 영업형태로 운영되는 영업[279] 등 청소년출입·고용금지업소 및 청소년고용금

---

276) 청소년보호법 제26조의 2

277) 청소년보호법 제2조 제5호 가목(1) 및 영 제3조 제1항

278) 청소년보호법 제2조 제5호 나목(1) 및 영 제3조 제4항 제1호

279) 청소년보호법 제2조 제5호 나목(1) 및 영 제3조 제4항

지업소 등의 업주가 고용과 관련하여 청소년에게 가지는 채권은 그 계약의 형식이나 명목에 관계없이 이를 무효로 한다.[280]

제5절 청소년보호위원회 등

1. 청소년보호위원회

여성가족부장관 소속하에 청소년보호위원회를 두며, 청소년보호위원회는 ① 유해환경으로부터 청소년을 보호하기 위한 청소년유해매체물, 청소년유해 약물, 청소년유해물건, 청소년유허업소 등의 심의·결정 등에 관한 사항, ② 정기간행물 등을 발행하거나 수입한 자가 청소년유해매체물의 심의기준에 저촉된 청소년유해매체물을 청소년유해표시 또는 포장을 하지 아니하고 당해 청소년유해매체물의 결정 또는 고시 전에 유통하였거나 유통 중인 때에는 여성가족부장관은 당해 청소년유해매체물을 발행하거나 수입한 자에 대하여 2천만 원 이하의 과징금을 부과 드는 징수할 수 있는데[281] 이에 대한 과징금 부과의 심의 및 결정에 관한 사항, ③ 청소년보호를 위하여 여성가족부장관이 필요하다고 심의를 요청한 사항,[282] ④ 그 밖에 다른 법률에서 청소년보호 위원회가 심의·결정하도록 정한 사항 등의 사무를 담당한다.[283] 청소년보호 위원회는 위원장 1인을 포함한 11인 이내의 위원으로 구성하며, 위원장은 청소년에 관한 경험과 식견이 풍부한 자 중에서 여성가족부장관의 제청으로 대통령이 임명한다. 위원은 여성가족부장관이 지명하는 청소년업무담당 고위공

---

280) 청소년보호법 제26조의 3
281) 청소년보호법 제49조
282) 청소년보호법 제27조 제3호
283) 청소년보호법 제27조 제4호

무원단에 속하는 공무원인 당연직 위원과, 당연직 위원 이외에 판사, 검사 또는 변호사의 직에 5년 이상 재직한 자, 대학이나 공인된 연구기관에서 부교수 이상 또는 이에 상당한 직에 있거나 있었던 자로서 청소년 관련 분야를 전공한 자, 3급 또는 3급 상당 이상의 공무원이나 고위공무원단에 속하는 공무원과 공공기관에서 이에 상당하는 직에 있거나 있었던 자로서 청소년 관련 업무에 실무경험이 있는 자, 청소년시설·단체 및 각급 교육기관 등에서 청소년 관련 업무를 10년 이상 담당한 자 중에서 위원장의 추천을 받아 여성가족부장관의 제청으로 대통령이 임명 또는 위촉한다. 위원의 임기는 2년으로 하되 연임할 수 있으며, 위원의 결원이 생겼을 때에는 결원된 날부터 30일 이내에 보궐위원을 임명 또는 위촉하여야 하고 보궐 위원의 임기는 전임자의 잔임 기간으로 한다. 청소년보호위원회의 회의에 출석하는 위원에 대하여는 예산의 범위 내에서 수당과 여비를 지급할 수 있으며, 다만 공무원인 위원이 그 소관 업무와 직접적으로 관련되어 출석하는 경우에는 그러하지 아니하다. 청소년보호위원회의 위원은 임기 중 직무와 관련하여 외부의 지시나 간섭을 받지 아니하며, 금고 이상의 형의 선고를 받거나 장기간의 심신쇠약으로 직무를 수행할 수 없게 된 경우를 제외하고는 그 의사에 반하여 면직되지 아니한다.[284]

2. 청소년보호센터 및 청소년재활센터

청소년폭력·학대 등 유해환경으로부터 청소년을 임시로 보호하기 위하여 여성가족부에 청소년보호센터를 둘 수 있으며 청소년보호센터에는 피해를 당한 청소년에게 법률상담, 소송업무대행 등의 법률적 지원을 할 수 있도록 전문변호사를 둘 수 있다. 청소년폭력·학대 등의 피해·가해청소년 및 약물로부터 고통을 받는 청소년의 재활을 위하여 여성가족부에 청소년재활센터

---

284) 청소년보호법 제27조 내지 제32조 및 영 제23조 내지 제25조

를 둘 수 있다.[285]

제6절 보칙

1. 보고 등

시장·군수 또는 구청장(자치구의 구청장)은 청소년보호법에서 정하고 있는 사항의 이행 및 위반 여부의 확인을 위하여 필요하다고 인정할 때에는 청소년유해매체물과 청소년유해약물 등을 유통하는 자와 청소년유해업소의 업주 등에 대하여 의무위반 또는 준수사항 불이행의 내용, 보고 또는 자료제출의 일시, 보고 또는 제출하여야 할 자료 등이 기재된 서면으로 제출하도록 하는 등 필요한 보고와 자료제출을 요구할 수 있다.[286]

2. 검사 및 조사 등

시장·군수 또는 구청장은 청소년보호법에서 정하고 있는 사항의 이행 및 위반 여부의 확인을 위하여 필요하다고 인정할 때에는 소속공무원으로 하여금 청소년유해매체물과 청소년유해약물 등의 유통 및 청소년의 유해업소 고용과 출입 등에 관련된 장부, 서류, 장소, 기타 필요한 물건을 검사·조사하게 할 수 있으며, 사업자 또는 사업자단체의 사무소나 사업장과 시장·군수 또는 는 구청장이 지정한 장소에서 당사자·이해관계인 또는 참고인의 진술을 듣게 할 수 있다. 이 경우 업무를 수행하는 공무원은 그 권한을 표시하는 증표

---

285) 청소년보호법 제33조의 3
286) 청소년보호법 제34조 및 영 제29조

를 관계인에게 내보여야 한다. 시장·군수 또는 구청장은 필요하다고 인정할 경우에는 특별한 학식·경험이 있는 자에게 감정을 의뢰할 수 있다.[287]

3. 수거·파기

시장·군수 또는 구청장은 청소년유해매체물로 결정된 매체물 및 청소년유해약물 등이 청소년유해표시 또는 포장되지 아니하고 유통되고 있거나, 각 심의기관의 청소년유해 여부 심의를 받지 아니하고 유통되고 있는 매체물이 청소년유해매체물로 결정된 경우에는 그 소유자, 기타 당해 유통에 종사하는 자(소유자를 알 수 없는 경우에는 유통행위자)에 대하여 그 매체물 및 청소년유해약물 등의 수거를 명할 수 있다. 시장·군수 또는 구청장은 수거 명령을 발할 때에는 위반행위의 내용, 수거를 하여야 할 사유, 수거방법 및 수거기간, 수거하지 아니할 경우에는 시장·군수 또는 구청장이 직접 수거 또는 파기할 수 있다는 사실 등을 기재한 서면으로 명하여야 한다. 시장·군수 또는 구청장은 수거명령을 받을 자를 알 수 없거나 수거명령을 받은 자가 이에 따르지 아니할 경우에는 당해 청소년유해매체물 및 청소년유해약물 등을 임시로 영치하고 7일 이상의 공고절차를 거친 후 이를 파기할 수 있다. 시장·군수 또는 구청장 및 경찰서장은 청소년이 소유하거나 소지하는 「주세법」의 규정에 의한 주류, 「담배사업법」의 규정에 의한 담배 및 성기구와 같은 청소년유해약물 등과 청소년유해매체물을 수거하여 폐기 또는 기타 필요한 처분을 할 수 있다. 이 경우 시장·군수 또는 구청장 및 경찰서장은 처분한 품명·수량·소유자 또는 소지자 및 그 처분내용 등을 관계 장부에 기재하여야 한다.[288]

---

287) 청소년보호법 제35조 및 영 제29조의 2
288) 청소년보호법 제36조 및 영 제30조

4. 시정명령

　시장·군수 또는 구청장은 청소년보호법의 규정을 위반하여 청소년유해매체물의 청소년유해표시를 하지 아니한 자, 청소년유해매체물의 포장을 하지 아니한 자, 영리를 목적으로 제 청소년유해매체물을 청소년유해표시가 되지 아니한 상태에서 판매 또는 대여를 위하여 전시·진열한 자, 영리를 목적으로 청소년유해매체물을 포장이 되지 아니한 상태에서 판매 또는 대여를 위하여 전시·진열한 자, 영리를 목적으로 청소년유해매체물을 구분·격리하지 아니하고 판매 또는 대여를 위하여 전시·진열한 자, 영리를 목적으로, 청소년유해매체물 중 자동기계장치 또는 무인판매장치에 의한 유통 목적의 전시·진열이 금지된 매체물을 자동기계장치 또는 무인판매장치에 의하여 유통할 목적으로 전시·진열한 자, 간판, 입간판, 벽보, 전단 등의 광고 선전물의 매체 중에서 청소년유해 광고 선전을 청소년출입·고용금지업소 외의 업소, 공중이 통행하는 장소에 공공연히 설치·부착·배포한 자 또는 청소년의 접근을 제한하는 기능이 없는 컴퓨터 통신에 의한 방법으로 이를 행한 자에 대하여 그 시정을 명할 수 있다. 시장·군수 또는 구청장은 시정명령 대상자에게 시정명령을 발하는 경우에는 위반행위의 내용, 시정명령의 내용, 시정명령을 발하는 사유, 시정기간 등을 명시한 서면으로 하여야 한다. 시정명령의 종류는 <표 5-10>과 같고, 시장·군수 또는 구청장은 청소년보호법의 규정에 의한 수거·파기와 시정명령의 처분을 할 때에는 그 이유를 명시하여야 한다.[289]

---

289) 청소년보호법 제37조 내지 제38조 및 영 제31조

<표 5-10> 시정명령의 종류

의무내용	시정명령의 종류
1. 법 제14조의 규정에 의한 청소년유해매체물 표시의무	표시명령, 표시방법 변경명령
2. 법 제15조의 규정에 의한 포장 의무	포장명령, 포장방법 변경명령
3. 법 제17조 제2항의 규정에 의한 청소년유해표시가 되지 아니한 상태에서의 청소년유해매체물의 전시·진열금지의무	전시·진열금지명령
4. 법 제17조 제3항의 규정에 의한 포장이 되지 아니한 상태에서의 청소년유해매체물의 전시·진열금지의무	전시·진열금지명령
5. 법 제18조 제1항의 규정에 의한 청소년유해매체물의 구분·격리의무	구분·격리명령
6. 법 제18조 제2항의 규정에 의한 청소년유해매체물의 자동판매기 또는 무인판매기 판매를 위한 전시·진열금지의무	전시·진열금지명령
7. 법 제20조 제1항의 규정에 의한 청소년유해광고선전물의 설치·부착·배포금지의무	설치광고선전물 철거명령, 부착광고선전물 제거명령, 배포광고선전물 회수명령

청소년보호법시행령 〈별표 5〉

5. 관계행정기관의 장의 협조

여성가족부장관은 청소년보호법의 시행을 위하여 필요하다고 인정할 때에는 관계행정기관의 장의 의견을 들을 수 있으며, 청소년보호법의 규정에 의한 의무이행을 확보하기 위하여 필요하다고 인정할 때에는 관계행정기관의 장에게 필요한 협조를 의뢰할 수 있다.[290]

---

290) 청소년보호법 제42조

6. 청소년유해 감시·고발단체

　여성가족부장관은 청소년유해환경정화활동을 수행하고 있는 민간의 감시·고발단체에 대하여 행정·재정상 지원을 할 수 있으며 필요한 경우 업무수행의 효율을 기하기 위해 청소년유해환경정화활동을 수행하는 민간의 감시·고발단체에 대하여 청소년유해환경감시활동을 하고 있음을 나타내는 증표로서 청소년유해환경감시단운영기관지정서를 교부할 수 있다. 민간의 감시·고발단체에는 교사를 포함시킬 수 있으며 민간의 감시·고발단체의 종류는 학교청소년유해환경감시단과 시민단체청소년유해환경감시단으로 한다. 여성가족부장관은 청소년유해환경감시단운영기관의 지정을 희망하는 학교 또는 시민단체의 주사무소 소재지를 관할하는 시장·군수·구청장(자치구의 구청장)의 추천을 받아 이를 청소년유해환경감시단운영기관으로 지정할 수 있다.[291]

7. 신고 및 포상

　누구든지 청소년에게 유해하다고 생각되는 매체물과 약물 등이 청소년에게 유통되고 있거나 청소년에게 유해한 업소에 청소년이 고용 또는 출입하고 있음을 발견한 때 및 기타 이 법의 규정에 위반되는 사실이 있다고 인정할 때에는 그 사실을 시장·군수 또는 구청장에게 신고하여야 한다. 시장·군수 또는 구청장은 신고의 활성화를 위하여 필요한 시책을 시행하여야 하며 필요한 경우 신고자에 대한 포상 등을 실시할 수 있다.[292]

---

291) 청소년보호법 제43조 및 영 제32조 및 시행규칙 제10조 내지 지11조
292) 청소년보호법 제44조 및 영 제33조

8. 선도·보호조치 대상 청소년의 통보 등

시장·군수 또는 구청장은 ① 청소년유해매체물을 판매·대여·배포하거나 시청·관람·이용에 제공하고자 하는 자의 그 상대방의 연령 확인의무 및 청소년에 대한 판매·대여·배포·시청·관람·이용의 제공 금지 의무[293]의 위반, ② 청소년유해업소의 업주의 종업원 고용 시 그 연령을 확인 및 청소년 고용 금지 의무와[294] 청소년출입·고용금지업소의 업주 및 종사자가 출입자의 연령을 확인하여 청소년이 당해 업소에 출입하거나 이용하지 못하게 하여야 하는 의무[295]의 위반, ③ 자동기계장치·무인판매장치·통신장치에 의한 경우를 포함하여 누구든지 청소년을 대상으로 하여 청소년유해약물 등을 판매·대여·배포 행위 금지[296]의 위반, ④ 영리를 목적으로 청소년으로 하여금 신체적인 접촉 또는 은밀한 부분의 노출 등 성적 접대행위를 하게 하거나 이러한 행위를 알선·매개하는 행위의 금지[297]의 위반, ⑤ 영리를 목적으로 청소년으로 하여금 손님과 함께 술을 마시거나 노래 또는 춤 등으로 손님의 유흥을 돋우는 접객행위를 하게 하거나 이러한 행위를 알선·매개하는 행위 금지[298]의 위반, ⑥ 영리 또는 흥행의 목적으로 청소년에게 음란한 행위를 하게 하는 행위[299]의 위반, ⑦ 영리를 목적으로 청소년으로 하여금 손님을 거리에서 유인하는 행위를 하게 하는 행위[300]의 위반, ⑧ 청소년에 대하여 이성혼숙을 하게 하는 등 풍기를 문란하게 하는 영업행위를 하거나 그를 목적으로 장소를 제공하는 행위[301]의 위반, ⑨ 주로 다류(茶類)를 조리·판매하는 업소

---

293) 청소년보호법 제17조 제1항
294) 청소년보호법 제24조 제1항
295) 청소년보호법 제24조 제2항
296) 청소년보호법 제26조 제1항
297) 청소년보호법 제26조의2 제1호
298) 청소년보호법 제26조의2 제2호
299) 청소년보호법 제26조의2 제3호
300) 청소년보호법 제26조의2 제7호

에서 청소년으로 하여금 영업장을 벗어나 다류를 배달하는 행위를 하게 하거나 이를 조장 또는 묵인하는 행위[302]의 위반 등의 행위를 적극적으로 유발하게 하거나 연령을 속이는 등 그 위반행위의 원인을 제공한 청소년 중에서 청소년유해업소의 업주 또는 종사자 등 법 준수의무자를 강박하는 방법으로 위반행위의 원인을 제공한 청소년과 신분증을 위조 또는 변조하는 등의 방법으로 연령을 속이는 등 적극적인 방법으로 위반행위의 원인을 제공한 청소년에 대하여는 친권자 등에게 그 사실을 통보하여야 한다. 시장·군수 또는 구청장은 위의 청소년 중 그 내용·정도 등을 고려하여 선도·보호조치가 필요하다고 인정되는 경우에는 "선도·보호조치 대상 청소년"으로 결정하며 "선도·보호조치 대상 청소년"에 대한 여부를 결정함에 있어서 청소년지도자, 청소년 상담가, 의사, 변호사 등 청소년 관련 전문가의 의견을 구할 수 있다. 시장·군수 또는 구청장은 "선도·보호조치 대상 청소년"에 대하여는 관할 경찰서장·소속 학교장(학생인 경우) 및 친권자 등에게 그 사실을 통보하여야 한다. 시장·군수 또는 구청장이 선도·보호조치의 원인을 제공한 청소년 또는 선도·보호조치 대상 청소년을 관할 경찰서장·소속 학교장(학생인 경우) 및 친권자 등에게 그 사실을 통보하는 경우에는 통보대상 청소년의 성명·주소 및 전화번호, 통보대상 청소년이 법 위반행위의 원인을 제공한 사실을 입증할 수 있는 사항, 선도·보호조치 대상 청소년의 경우 선도·보호조치가 필요하다고 인정된 사실 등을 포함하여 통보하여야 한다. 선도·보호조치 대상 청소년 등에 대하여 통보를 받은 관할 국가경찰서장·소속 학교장 또는 친권자 등은 통보대상 청소년의 인권을 침해할 수 있는 조치를 하여서는 아니 되며 통보대상 청소년을 통보한 시장·군수 또는 구청장과 통보를 받은 관할 국가경찰서장·소속 학교장 또는 친권자 등은 통보대상 청소년의 인적사항

---

301) 청소년보호법 제26조의2 제8호
302) 청소년보호법 제26조의 2

이 외부에 공개되지 아니하도록 하여야 한다.303)

9. 권한의 위탁

청소년보호위원회는 이 법에 의한 권한의 일부를 청소년보호 또는 매체물
이나 약물 등과 관련된 비영리법인 또는 단체에 위탁할 수 있다. 여성가족부
장관은 유해매체물의 자율규제에 대한 청소년유해 여부의 확인업무304)를 각
심의기관에 위탁한다.305)

10. 지방청소년사무소의 설치 등

특별시장·광역시장·도지사(시·도지사)는 그 관할구역 내의 청소년을 보
호하기 위하여 조례가 정하는 바에 따라 지방청소년사무소를 설치할 수 있으
며, 특별시·광역시·도의 관할구역 내의 청소년보호를 위하여 기타 필요한
사항에 관하여는 해당 지방자치단체의 조례로 정한다.306)

11. 벌칙적용에 있어서의 공무원의제

청소년보호위원회의 사무에 종사하는 공무원이 아닌 위원 또는 직원은「형
법」제129조 내지 제132조307) 및「특정범죄가중처벌 등에 관한 법률」제2

---

303) 청소년보호법 제44조의2 및 영 제33조의 2

304) 청소년보호법 제12조 제2항

305) 청소년보호법 제38조 및 영 제38조

306) 청소년보호법 제47조

307) **형법 129조 내지 제132조**
　　제129조(수뢰, 사전수뢰) ① 공무원 또는 중재인이 그 직무에 관하여 뇌물을 수수, 요구 또는 약속한 때에는 5년
　　이하의 징역 또는 10년 이하의 자격정지에 처한다.
　　② 공무원 또는 중재인이 될 자가 그 담당할 직무에 관하여 청탁을 받고 뇌물을 수수, 요구 또는 약속한 후 공무원

조[308]의 적용에 있어서는 이를 공무원으로 본다. 그리고 청소년보호법의 규정에 의하여 청소년보호위원회가 그 권한의 일부를 청소년보호 또는 매체물이나 약물 등과 관련된 비영리법인 또는 단체에 위탁한 경우에,[309] 그 위탁한 사무 중 심의업무에 종사하는 한국간행물윤리위원회 또는 법인·단체의 위원, 임원, 직원은 「형법」 제129조 내지 제132조 및 「특정범죄가중처벌 등에 관한 법률」 제2조의 적용에 있어서는 이를 공무원으로 본다.[310]

12. 과징금

여성가족부장관은 정기간행물 등을 발행하거나 수입한 자가 청소년보호법의 청소년유해매체물의 심의기준[311]에 저촉된 청소년유해매체물을 청소년유해표시 또는 포장을 하지 아니하고 당해 청소년유해매체물의 결정·고시 전에 유통하였거나 유통 중인 때에는 당해 청소년유해매체물을 발행하거나 수

또는 중재인이 된 때에는 3년 이하의 징역 또는 7년 이하의 자격정지에 처한다.
제130조(제삼자뇌물제공) 공무원 또는 중재인이 그 직무에 관하여 부정한 청탁을 받고 제3자에게 뇌물을 공여하게 하거나 공여를 요구 또는 약속한 때에는 5년 이하의 징역 또는 10년 이하의 자격정지에 처한다.
제131조(수뢰후부정처사, 사후수뢰) ① 공무원 또는 중재인이 전2조의 죄를 범하여 부정한 행위를 한 때에는 1년 이상의 유기징역에 처한다.
② 공무원 또는 중재인이 그 직무상 부정한 행위를 한 후 뇌물을 수수, 요구 또는 약속하거나 제삼자에게 이를 공여하게 하거나 공여를 요구 또는 약속한 때에도 전항의 형과 같다.
③ 공무원 또는 중재인이었던 자가 그 재직 중에 청탁을 받고 직무상 부정한 행위를 한 후 뇌물을 수수, 요구 또는 약속한 때에는 5년 이하의 징역 또는 10년 이하의 자격정지에 처한다.
④ 전3항의 경우에는 10년 이하의 자격정지를 병과할 수 있다.
제132조(알선수뢰) 공무원이 그 지위를 이용하여 다른 공무원의 직무에 속한 사항의 알선에 관하여 뇌물을 수수, 요구 또는 약속한 때에는 3년 이하의 징역 또는 7년 이하의 자격정지에 처한다.

308) **특정범죄가중처벌 등에 관한 법률**
제2조(뇌물죄의 가중처벌) ① 「형법」 제129조·제130조 또는 제132조에 규정된 죄를 범한 사람은 그 수수(收受)·요구 또는 약속한 뇌물의 가액(價額)(이하 이 조에서 "수뢰액"이라 한다)에 따라 다음 각 호와 같이 가중 처벌한다.
1. 수뢰액이 1억 원 이상인 경우에는 무기 또는 10년 이상의 징역에 처한다.
2. 수뢰액이 5천만 원 이상 1억 원 미만인 경우에는 7년 이상의 유기징역에 처한다.
3. 수뢰액이 3천만 원 이상 5천만 원 미만인 경우에는 5년 이상의 유기징역에 처한다.
② 「형법」 제129조·제130조 또는 제132조에 규정된 죄를 범한 사람은 그 죄에 대하여 정한 형(제1항의 경우를 포함한다)에 수뢰액의 2배 이상 5배 이하의 벌금을 병과(倂科)한다

309) 청소년보호법 제46조

310) 청소년보호법 제48조 제2항

311) 청소년보호법 제10조

입한 자에 대하여 <표 5-11>의 기준에 따라 2천만 원 이하의 과징금을 부과·징수할 수 있다. 시장·군수 또는 구청장은 청소년보호법의 벌칙규정 중 3년 이하의 징역 또는 2천만 원 이하의 벌금에 해당하는 각 행위[312]와 2년 이하의 징역 또는 1천만 원 이하의 벌금에 해당하는 각 행위[313]로 인하여 이익을 취득한 자에 대하여 <표 5-12>에서 정하는 기준에 따라 1천만 원 이하의 과징금을 부과·징수할 수 있다. 다만, 다른 법률의 규정에 의한 영업허가취소·영업소폐쇄·영업정지 또는 과징금부과 등 행정처분의 대상으로서 행정처분이 이루어진 경우 또는 행정처분이 가능한 경우에는 그러하지 아니하다. 여성가족부장관 또는 시장·군수·구청장(과징금부과권자)은 과징금을 부과하고자 할 때에는 과징금의 부과 사유와 해당 과징금의 금액을 명시하여 이를 납부할 것을 서면으로 통지하여야 한다. 과징금의 징수절차에 관하여는 「국고금관리법 시행규칙」을 준용하며, 이 경우 납입고지서에는 이의신청 방법 및 기간을 함께 기재하여야 한다. 과징금의 통지를 받은 자는 20일 이내에 과징금을 납부하여야 한다. 다만, 천재지변이나 그 밖에 부득이한 사유로 인하여 그 기간 내에 과징금을 납부할 수 없는 때에는 그 사유가 없어진 날부터 7일 이내에 납부하여야 한다. 과징금의 납부를 받은 수납기관은 영수증을 납부자에게 교부하여야 한다. 과징금의 수납기관은 과징금을 수납한 때에는 지체 없이 그 사실을 과징금 부과권자에게 통보하여야 한다. 과징금을 기한 이내에 납부하지 아니한 때에는 여성가족부장관 또는 시장·군수·구청장이 국세 또는 지방세체납처분의 예에 따라 이를 징수한다. 여성가족부장관 또는 시장·군수·구청장은 ① 자연재해 또는 화재 등으로 재산에 현저한 손실을 입은 경우, ② 영업에 현저한 손실을 입어 중대한 위기에 처한 경우, ③ 과징금의 일시납부에 따라 생계가 곤란할 것으로 예상되는 경우, ④ 그 밖에 위

---

312) 청소년보호법 제50조 각 호의 행위
313) 청소년보호법 제51조 각 호의 행위

사항에 준하는 사유가 있는 경우 등으로 과징금의 전액을 일시에 납부하기가 어렵다고 인정되는 때에는 그 납부기한을 연장하거나 분할 납부하게 할 수 있다. 과징금납부기한의 연장 또는 분할 납부를 신청하고자 하는 경우에는 그 납부기한의 10일 전까지 과징금납부기한의 연장 또는 분할납부신청서에 그 사유를 증명하는 서류를 첨부하여 과징금부과권자에게 제출하여야 한다. 과징금 부과권자는 납부기한의 연장 또는 분할 납부를 신청 받은 경우에는 신청 받은 날부터 7일 이내에 납부기한의 연장 또는 분할납부의 허용 여부를 신청인에게 통지하여야 한다. 과징금으로 징수한 금액은 징수 주체가 사용하되 청소년유해환경정화를 위한 프로그램의 개발·보급, 청소년에게 유익한 매체물의 제작·지원, 민간의 청소년선도·보호사업 및 청소년유해환경정화를 위한 시민운동의 지원, 청소년 선도보호를 위한 사업으로서 청소년보호센터 및 청소년재활센터의 운영, 청소년유해환경 신고자에 대한 포상, 그 밖에 과징금 부과권자가 인정하는 청소년보호사업의 용도로 사용하여야 한다.[314]

<표 5-11> 청소년유해정기간행물 등의 발행·수입자에 대한 과징금부과기준

구분 \ 과징금액	경고	청소년유해매체물결정·고시 횟수별 300만 원	청소년유해매체물결정·고시 횟수별 500만 원	청소년유해매체물결정·고시횟수별 1,000만 원	청소년유해매체물 결정·고시 횟수별 2,000만 원
유료 일간지	1회	2~3회	4~5회	6~10회	11회 이상
무료 일간지	1회	2~5회	6~10회	11회 이상	–
주간지	1회	2~5회	3~8회	9회 이상	–
월간지	1회	2회	3~4회	5회 이상	–

비고: 청소년유해매체물의 결정·고시 횟수는 매년 1월 1일부터 그 해 12월 31일까지를 기준으로 산정한다.

청소년보호법시행령 〈별표 6〉

---

[314] 청소년보호법 제49조 및 영 제40조 내지 제41조의 3 및 시행규칙 제12조 내지 제13조

<표 5-12> 위반행위의 종별에 따른 과징금부과기준

위반행위	과징금액
1. 법 제17조제1항의 규정에 위반하여 청소년에게 청소년유해매체물을 판매·대여·배포, 시청·관람·이용에 제공한 때	위반 횟수마다 제조업자 1,000만 원, 유통관련업자 100만 원
2. 법 제23조의2의 규정에 위반하여 외국매체물을 유통하게 한 때	위반 횟수마다 1,000만 원
3. 법 제24조제1항의 규정에 위반하여 법 제2조제5호 가목 및 동법시행령 제3조제4항제1호에 해당하는 업소에 청소년을 고용한 때	1명 1회 고용마다 1,000만 원
4. 법 제24조제1항의 규정에 위반하여 법 제2조제5호 나목(2)·(3)·(5)·(6)·(7)에 해당하는 업소 또는 동법시행령 제3조제4항제2호에 해당하는 업소에 청소년을 고용한 때	1명 1회 고용마다 500만원
5. 법 제24조제2항의 규정에 위반하여 법 제2조제5호 가목에 해당하는 업소에 청소년을 출입시킨 때	출입허용 횟수마다 300만 원
6. 법 제26조제1항의 규정에 위반하여 청소년에게 법 제2조제4호 가목(6)의 환각물질 또는 (7)의 약물 또는 나목의 청소년유해물건을 판매·대여·배포한 때	위반 횟수마다 100만 원
7. 법 제26조제1항의 규정에 위반하여 청소년에게 법 제2조제4호 가목(1)의 주류 또는 (2)의 담배를 판매한 때	위반 횟수마다 주류판매자 100만 원, 담배판매자 100만 원
8. 법 제26조의2제7호의 규정에 위반하여 청소년으로 하여금 손님을 거리에서 유인하는 행위를 하게 한 때	위반 횟수마다 300만 원
9. 법 제26조의2제8호의 규정에 위반하여 청소년에 대하여 이성혼숙을 하게 하는 등 풍기를 문란하게 하는 영업행위를 하거나 그를 목적으로 장소를 제공하는 행위를 한 때	위반 횟수마다 300만 원
10. 법 제26조의2제9호의 규정에 위반하여 주로 다류를 조리·판매하는 업소에서 청소년으로 하여금 영업장을 벗어나 다류를 배달하는 행위를 하게 하거나 이를 조장 또는 묵인한 때	위반 횟수마다 1,000만 원

청소년보호법시행령 〈별표7〉

제7절 벌칙 및 과태료

1. 벌칙

1년 이상 10년 이하의 징역 영리를 목적으로 청소년으로 하여금 신체적인 접촉 또는 은밀한 부분의 노출 등 성적 접대행위를 하게 하거나 이러한 행위를 알선·매개하는 행위를 한자는[315] 1년 이상 10년 이하의 징역에 처한다.[316]

10년 이하의 징역 영리를 목적으로 청소년으로 하여금 손님과 함께 술을 마시거나 노래 또는 춤 등으로 손님의 유흥을 돋우는 접객행위를 하게 하거나 이러한 행위를 알선·매개하는 행위를 한자,[317] 영리 또는 흥행의 목적으로 청소년에게 음란한 행위를 하게 하는 행위를 한 자[318]는 10년 이하의 징역에 처한다.[319]

5년 이하의 징역 영리 또는 흥행의 목적으로 청소년의 장애기형 등 형상을 공중에게 관람시키는 행위,[320] 청소년에게 구걸을 시키거나, 청소년을 이용해서 구걸하는 행위,[321] 청소년을 학대하는 행위를 한 자[322]는 5년 이하의 징역에 처한다.[323]

3년 이하의 징역 또는 2천만 원 이하의 벌금 영리를 목적으로 청소년에게 청소년유해매체물을 판매·대여·배포하거나 시청·관람·이용에 제공한 자,[324] 영리를 목적으로 청소년보호법의 규정을 위반하여[325] 청소년으로 하

---

315) 청소년보호법 제26조 2 제1항 규정 위반
316) 청소년보호법 제49조의 2
317) 청소년보호법 제26조의 2 제2호 위반
318) 청소년보호법 제26조의 2 제3호 위반
319) 청소년보호법 제49조의 3
320) 청소년보호법 제26조의 2 제4호 위반
321) 청소년보호법 제26조의 2 제5호 위반
322) 청소년보호법 제26조의 2 제6호 위반
323) 청소년보호법 제49조의 4

여금 범죄의 충동이 일어나게 하는 매체물 등을 유통하게 한자,[326] 청소년을
유해업소에 고용한 자,[327] 청소년에게 「유해화학물질 관리법」의 규정에 의한
환각물질[328] · 청소년의 정상적인 심신발달에 장애를 초래할 수 있는 약물의
기준[329]에 따라 청소년보호위원회가 결정하고 여성가족부장관이 고시한 약
물 또는 물건[330]을 판매 · 대여 · 배포한 자,[331] 영리를 목적으로 청소년으로
하여금 손님을 거리에서 유인하는 행위를 하게 하는 행위,[332] 청소년에 대하
여 이성혼숙을 하게 하는 등 풍기를 문란하게 하는 영업행위를 하거나 그를
목적으로 장소를 제공하는 행위,[333] 주로 다류를 조리 · 판매하는 업소에서
청소년으로 하여금 영업장을 벗어나 다류를 배달하는 행위를 하게 하거나 이
를 조장 또는 묵인하는 행위를 한 자,[334] 청소년유해매체물 또는 청소년유해
약물 등의 수거 의무자가 수거하지 아니한 경우[335]에는 3년 이하의 징역 또
는 2천만 원 이하의 벌금에 처한다.[336]

2년 이하의 징역 또는 1천만 원 이하의 벌금 청소년유해매체물[337] · 청소년
유해업소[338] · 청소년유해약물[339]등의 청소년유해표시를 하지 아니한 자,[340]

---

324) 청소년보호법 제50조 제1호: 법 제17조 제1항 위반
325) 청소년보호법 제23조의 2 위반
326) 청소년보호법 제50조 제1의 2호
327) 청소년보호법 제50조 제2호; 법 제24조 제1항 위반
328) 청소년보호법 제2조 제4호 가목(6)
329) 청소년보호법 제2조 제4호 가목 및 영 제2조; 대통령령으로 정하는 기준
330) 청소년보호법 제50조 제3호
331) 청소년보호법 제50조 제3호
332) 청소년보호법 제26조의 2 제7호 규정 위반
333) 청소년보호법 제26조의 2 제8호 규정 위반
334) 청소년보호법 제26조의 2 제9호 규정 위반
335) 청소년보호법 제50조 제5호; 법 제36조 제1항 위반
336) 청소년보호법 제50조
337) 청소년보호법 제14조
338) 청소년보호법 제24조 제5항
339) 청소년보호법 제26조 제4항
340) 청소년보호법 제51조 제1호

청소년유해매체물의 포장을 하지 아니한 자,341) 청소년유해매체물의 포장을 하지 아니한 자,342) 청소년유해매체물을 방송한 자,343) 청소년유해매체물의 광고선전물을 설치·부착하거나 배포한 자,344) 청소년을 유해업소에 출입시킨 자,345) 「주세법」의 규정에 의한 주류 또는 「담배사업법」의 규정에 의한 담배를 판매한 자346)는 2년 이하의 징역 또는 1천만 원 이하의 벌금에 처한다.347)

500만 원 이하의 벌금 청소년유해매체물의 청소년유해표시 또는 포장을 훼손한 자는 500만 원 이하의 벌금에 처한다.348)

300만 원 이하의 벌금 관계공무원의 청소년유해매체물과 청소년유해약물 등의 유통 및 청소년의 유해업소 고용과 출입 등에 관련된 장부, 서류, 장소, 기타 필요한 물건을 검사 및 조사를 거부·방해 또는 기피한 자는 300만 원 이하의 벌금에 처한다.349)

양벌규정 법인·단체의 대표자, 법인·단체 또는 개인의 대리인, 사용인 기타 종업원이 그 법인·단체 또는 개인의 업무에 관하여 위의350) 죄를 범한 때에는 행위자를 벌하는 외에 그 법인·단체 또는 개인에 대하여도 각 해당 조의 벌금형을 과한다.351)

형의 감경 위 3년 이하의 징역 또는 2천만 원 이하의 벌금, 2년 이하의 징역 또는 1천만 원 이하의 벌금, 500만 원 이하의 벌금에 해당하는 죄를 범한 자가 청소년보호법의 규정에 의한 시정 명령352)을 받고 이를 이행한 경우에

---

341) 청소년보호법 제51조 제2호; 법 제15조 위반
342) 청소년보호법 제51조 제2호; 법 제15조 위반
343) 청소년보호법 제51조 제5호; 법 제19조 위반
344) 청소년보호법 제51조 제6호; 법 제20조 제1항 위반
345) 청소년보호법 제51조 제7호; 법 제24조 제2항 위반
346) 청소년보호법 제51조 제8호; 법 제26조 제1항 위반
347) 청소년보호법 제51조
348) 청소년보호법 제52조; 법 제16조 위반
349) 청소년보호법 제53조; 법 제35조 위반
350) 청소년보호법 제49조의 2 내지 제49조의4 및 제50즈 내지 제53조
351) 청소년보호법 제54조

는 그 형을 감경할 수 있다.[353]

2. 과태료

500만 원 이하의 과태료 청소년유해매체물의 청소년유해표시[354]를 하지 아니한 자에 대한 시장·군수·구청장의 시정명령[355]을 불이행한자,[356] 청소년유해매체물의 포장[357]을 하지 아니한 자에 대한 시장·군수·구청장의 시정명령[358]을 불이행한 자,[359] 청소년유해매체물로서 간판·입간판·벽보·전단 등 광고 선전 청소년출입·고용금지업소 외의 업소 및 공중이 통행하는 장소에 공공연히 설치·부착·배포한 자 또는 청소년의 접근을 제한하는 기능이 없는 컴퓨터 통신에 의한 방법으로 이를 행한 자[360] 등에 대한 시장·군수·구청장의 시정명령[361]을 이행하지 아니한 자[362]는 500만 원 이하의 과태료에 처한다.[363]

100만 원 이하의 과태료 시장·군수 또는 구청장은 청소년보호법에서 정하고 있는 사항의 이행 및 위반 여부의 확인을 위하여 필요하다고 인정할 때에는 청소년유해매체물과 청소년유해약물 등을 유통하는 자와 청소년유해업소의 업주 등에 대하여 필요한 보고와 자료제출을 요구할 수 있는데,[364] 이

---

352) 청소년보호법 제37조에 의한 시정 명령
353) 청소년보호법 제55조
354) 청소년보호법 제14조
355) 청소년보호법 제37조 제1항 제1호
356) 청소년보호법 제56조
357) 청소년보호법 제15조
358) 청소년보호법 제37조 제1항 제2호
359) 청소년보호법 제56조 제1항
360) 청소년보호법 제20조 제1항
361) 청소년보호법 제37조 제1항 제7호
362) 청소년보호법 제56조 제1항
363) 청소년보호법 제56조

경우 보고와 자료제출의 요구를 받고도 이에 응하지 아니한 자나 거짓으로 보고 또는 자료를 제출한 자,[365] 영리를 목적으로 청소년유해매체물을 청소년유해표시가 되지 아니한 상태에서 판머 또는 대여를 위하여 전시·진열한 자[366]에 대하여 시장·군수 또는 구청장이 시정명령을 하였으나[367] 이를 이행하지 아니한 자,[368] 영리를 목적으로 청소년유해매체물을 포장이 되지 아니한 상태에서 판매 또는 대여를 위하여 전시·진열한 자[369]에 대하여 시장·군수 또는 구청장이 시정명령을 하였으나[370] 이를 이행하지 아니한 자,[371] 영리를 목적으로 청소년유해매체물을 구분·격리하지 아니하고 판매 또는 대여를 위하여 전시·진열한 자[372]에 대하여 시장·군수 또는 구청장이 시정명령을 하였으나[373] 이를 이행하지 아니한 자,[374] 영리를 목적으로 자동기계장치 또는 무인판매장치에 의한 판매 등이 금지된 청소년유해매체물[375]을 자동기계장치 또는 무인판매장치에 의하여 유통할 목적으로 전시·진열한 자[376]에 대하여 시장·군수 또는 구청장의 시정경령을 행하지 아니한 자[377]는 100만 원 이하의 과태료에 처한다.[378] 위의 과태료는 시장·군수 또는 구청장이 부과·징수하고,[379] 과태료처분에 불복이 있는 자는 그 처분의 고지를 받은

---

364) 청소년보호법 제34조
365) 청소년보호법 제56조 제2항 제1호
366) 청소년보호법 제17조 제2항의 규정 위반
367) 청소년보호법 제37조 제1항 제3호
368) 청소년보호법 제56조 제2항 제2호
369) 청소년보호법 제17조 제3항의 규정 위반
370) 청소년보호법 제37조 제1항 제4호
371) 청소년보호법 제56조 제2항 제2호
372) 청소년보호법 제18조 제1항의 규정 위반
373) 청소년보호법 제37조 제1항 제5호
374) 청소년보호법 제56조 제2항 제2호
375) 청소년보호법 제7조 제1호 및 제6호의 매체물
376) 청소년보호법 제18조 제2항의 규정 위반
377) 청소년보호법 제56조 제2항 제2호
378) 청소년보호법 제56조 제2항
379) 청소년보호법 제56조 제3항

날부터 30일 이내에 부과권자에게 이의를 제기할 수 있다.[380] 이 경우 과태료 처분을 받은 자가 이의를 제기한 때에는 부과권자는 지체 없이 관할법원에 그 사실을 통보하여야 하며, 그 통보를 받은 관할법원은 「비송사건절차법」에 의한 과태료의 재판을 한다.[381] 그러나 과태료의 처분을 받은 자가 이의 제기 기간 이내에 이의를 제기하지 아니하고 과태료를 납부하지 아니한 때에는 지방세체납처분의 예에 의하여 이를 징수한다.[382]

---

380) 청소년보호법 제56조 제4항
381) 청소년보호법 제56조 제5항
382) 청소년보호법 제56조 제6항

참고문헌

강병연(2011). 『청소년육성제도론』. 경기: 양서원.

권영성(2000). 『헌법학원론』. 서울: 법문사.

권육상 외(2008). 『사회복지행정론』. 서울: 유풍출판사.

__________(2008). 『최신사회복지법제론』. 서울: 나눔의 집.

권일남 외(2010). 『청소년활동론』. 서울: 학지사.

김민(2010). 「청소년정책의 역사적 변천과 향후 쟁점과제」. 한국청소년단체협
　　　의회. 『오늘의 청소년』 제26권 제3호.

김애숙(2009). 「청소년건전육성을 위한 청소년정책 효과에 관한 인식연구」.
　　　성산효대학원대학교 효학박사학위 논문.

김종서 외(2010). 『평생교육개론』. 경기: 교육과학사.

김희수 외(2005). 『교육심리학』. 서울: 도서출판 박학사.

박상기 외(2010). 『법학개론』. 서울: 박영사.

백승기(2010). 『정책학원론』. 서울: 도서출판 대영문화사.

신두범 외(2010). 『최신행정학개론』. 서울: 박영사.

양정하 외(2008). 『사회복지정책론』. 경기: 양서원.

여성가족부(2011). 『2011 청소년백서』.

윤찬영(2010). 『사회복지법제론』. 경기: 나남.

이해주 외(2008). 『청소년문제론』. 서울: 한국방송통신대학교 출판부.

정옥분(2010). 『발달심리』. 서울: 학지사.

청소년개발원(2007). 『청소년문화론』 서울: 교육과학사.

____________(2010). 『청소년복지론』 경기: 교육과학사.

____________(2010). 『청소년지도방법론』. 경기: 교육과학사.

____________(2011). 『청소년환경론』. 경기: 교육과학사.

____________ (2011). 『청소년심리학』. 경기: 교육과학사.

허영(2005). 『한국헌법론』. 서울: 박영사.

황승흠(2010). 「기본법체제에 대한 법학적 이해」. 한국비교공법학회. 『공법학연

구』 제11권 제1호.
법제처 홈페이지. http://www.moleg.go.kr.
보건복지부 홈페이지. http://www.mw.go.kr.
여성가족부 홈페이지. http://www.mogef.go.kr.

오기선
명지대학교 대학원 교육학박사
국제문화대학원대학교 교수

김택훈
국제문화대학원대학교 박사과정
한국평생교육사협회 이사

청소년관련법의 이해

초판인쇄 | 2012년 5월 15일
초판발행 | 2012년 5월 15일

지 은 이 | 오기선·김택훈
펴 낸 이 | 채종준
펴 낸 곳 | 한국학술정보㈜
주   소 | 경기도 파주시 문발동 파주출판문화정보산업단지 513-5
전   화 | 031) 908-3181(대표)
팩   스 | 031) 908-3189
홈페이지 | http://ebook.kstudy.com
E-mail | 출판사업부 publish@kstudy.com
등   록 | 제일산-115호(2000. 6. 19)

ISBN   978-89-268-3311-7 93360 (Paper Book)
         978-89-268-3312-4 98360 (e-Book)